命运与共

中国与全球化的未来

王辉耀 ◎ 著
全球化智库（CCG）◎ 译

中国科学技术出版社
·北京·

The Ebb and Flow of Globalization: Chinese Perspectives on China's Development and Role in the World by Huiyao Wang, ISBN:978-9811692529
Simplified Chinese translation copyright © 2024 by China Science and Technology Press Co., Ltd.
All rights reserved.
北京市版权局著作权合同登记 图字：01-2024-1940

图书在版编目（CIP）数据

命运与共：中国与全球化的未来 / 王辉耀著；全球化智库（CCG）译 . — 北京：中国科学技术出版社，2024.7

书名原文：The Ebb and Flow of Globalization: Chinese Perspectives on China's Development and Role in the World

ISBN 978-7-5236-0776-3

Ⅰ.①命… Ⅱ.①王… ②全… Ⅲ.①发展战略—中国—文集 Ⅳ.① D60-53

中国国家版本馆 CIP 数据核字（2024）第 102898 号

策划编辑	杜凡如　任长玉	责任编辑	任长玉
封面设计	北京潜龙	版式设计	蚂蚁设计
责任校对	邓雪梅	责任印制	李晓霖

出　　版	中国科学技术出版社
发　　行	中国科学技术出版社有限公司
地　　址	北京市海淀区中关村南大街 16 号
邮　　编	100081
发行电话	010-62173865
传　　真	010-62173081
网　　址	http://www.cspbooks.com.cn

开　　本	710mm×1000mm　1/16
字　　数	204 千字
印　　张	15
版　　次	2024 年 7 月第 1 版
印　　次	2024 年 7 月第 1 次印刷
印　　刷	北京盛通印刷股份有限公司
书　　号	ISBN 978-7-5236-0776-3 / D · 139
定　　价	79.00 元

（凡购买本社图书，如有缺页、倒页、脱页者，本社销售中心负责调换）

序

风云激荡的世界

唯一永恒不变的是变化。

任何观察过周围世界的人都必然得出这个结论。对于像全球化这样复杂的现象来说更是如此。全球化塑造了世界各个角落的多种因素和力量，也被这些因素和力量所塑造。因此，我们应该认识到，随着时间的推移，全球化的性质和程度必然会发生波动。正如这个词本身所暗示的那样，全球化是一个不断演变的过程，而不是一个静止的状态。与其说我们的世界是"全球化的"，不如说它正在全球化更加准确。

过去2000多年里，随着战争与和平的更迭，伟大文明和制度的崛起与衰落，以及新技术、疾病和生产方式的传播，全球化经历了无数的跌宕起伏。然而，尽管这段历史充满了传奇，"全球化"这个词直到20世纪90年代才流行起来，这个时期被《经济学人》(*The Economist*)杂志称为"全球化的黄金时代"的开端。由于全球货物运输成本和通信成本降低、贸易壁垒削减以及全球金融系统自由化，这段时期国际贸易蓬勃发展，跨国公司在全球扩张。也是在这个时期，中国重新成为全球经济的重要驱动力。

2008年是近年来全球化进程中的一个重要里程碑。全球金融危机导致世界市场动荡，显示出全球金融网络交织在一起的紧密程度和各个经济体互相依存的程度有多高。全球金融危机和由此带来的经济影响助长了发达经济体中的民粹主义和对全球化的担忧，这些因素在接下来的10年里持续恶化，让发达经济体自食其果。但是，全球金融危机也推动了全球治理的创新，二十国集团的领导人首次齐聚一堂，制定协调一致的紧急措施，防止全球经济下滑。

2008年也是值得纪念的一年，北京奥运会标志着中国改革开放30年巨大变革的高潮，是中国"走出去"的盛会。也是在同一年，全球化智库应运而生。此后，随着中国在国际舞台上发挥的作用越来越大，全球化智库也不断壮大，深入研究中国全球化进程的各个方面，为国内外决策者提供建议，并充当中国与世界其他地区之间的桥梁。全球化智库连续多年被评为世界百强智库，也是第一个获得联合国咨商地位的中国智库。

作为全球化智库的理事长，我很幸运能与全球化领域的一流思想家一起工作，并定期与海内外的政府、行业和学术界的专家开展政策讨论。我非常感谢全球化智库的同事和朋友们的工作与始终不渝的支持，让我有机会通过大学、智库和国际论坛的对话与合作来学习新事物和开拓理念。为了分享这些观点和全球化智库正在进行的研究的成果，我定期在国内外媒体和学术期刊上就中国和全球化相关议题发表文章。

本书精选了数年间我发表在《北京周报》、彭博社、《中国日报》、中国国际电视台（CGTN）、《金融时报》、《环球时报》、《印度快报》、慕尼黑安全会议、《南华早报》、伍德罗·威尔逊国际学者中心以及世界经济论坛等许多海内外媒体和平台上的文章。无论以何种标准衡量，这些年对中国和全球事务来说都是一个不寻常的时期，地缘政治、经济合作和全球治理经历了重大变化、转折、进步和挫折，全球化经历了跌宕起伏的历程。

其间发生的两起震动世界的事件将在未来数年甚至数十年内影响全球：

特朗普在2016年当选总统和2019年年底至2020年年初暴发新冠疫情。就像之前的全球金融危机一样，这两起事件都引发了人们对全球化各个方面的质疑，从多边主义到多级跨境供应链，再到全球人员的自由流动。

这段时期也见证了具有里程碑意义的中国共产党第十九次全国代表大会——开启了中华民族融入世界的新纪元；中美关系的曲折进程——标志着大国竞争进入新阶段，给国际体系带来了不确定性；区域合作的新进展——例如全球最大自贸协定《区域全面经济伙伴关系协定》（RCEP）的签署；不断发展和具有颠覆性的新技术改变我们生活、工作和互动的方式。在这段时期内，全球化经历了起起落落，充满了新趋势、新挑战和新的复杂性，我们智库人需要努力应对、研究和记录这些变化。这些文章反映了这一系列发展变化，以及我对这些发展变化和智库事业的价值与意义的思考。希望我多年思考的总结能够给读者带来启发和借鉴。

本书的成功出版离不开诸多人士和机构的支持。我首先要感谢全球化智库主席陈德铭、龙永图、陈启宗和何亚非的指导。我也非常感谢全球化智库学术专家委员会的专家意见和全球化智库研究人员的支持与协助。

在我写作这篇序言的时候，我们似乎正处于后疫情时代进入全球化新阶段的风口浪尖，无疑将遇到更多的起伏和出乎意料的情况。当此之时，我们了解中国和全球化比以往任何时候都更加重要，这也是我在2022年出版这本图书英文版的初衷。本书是从一个中国人的角度来理解和阐释中国的发展历程和融入世界经济的过程，在英语世界构建了一种中国叙事。本书英文版在施普林格·自然集团出版后，在海内外引起了积极反响，在许多国际场合受到讨论，很多学者、意见领袖、政要和商界人士对这本书表示了肯定，媒体也就这本书邀请我参加专访。朋友们认为如能将这本书翻译为中文、让国内读者了解如何在国际舞台上阐释中国，对相关工作者和关心中国与世界关系的人将大有裨益。在中国科学技术出版社的支持下，本书中文版得以顺利面世。为了保证中文版对读者更有价值，我在翻译时立足当前对文本做了修订和更新。我希望本书中的观点和想法能够为读者深入了解中国发展和融入全球经济的历程做出一些小小的贡献。我还希望，本书能够为如何确保下一阶段的全球化更可持续、更加包容提供有益的建议，为促进后疫情时代的和平与繁荣发挥积极作用。

王辉耀 博士

全球化智库（CCG）理事长、国务院原参事

2024 年 6 月于北京

目录

引言
001

第一部分 中国通往全球化的路径

第一章

中国在贸易和投资方面的角色变迁

023

第二章

中国跨国企业的崛起

050

第三章

教育、人才和文化纽带

058

第二部分 中国在多极化世界中的崛起

第四章

对变化中的国际秩序的思考

075

第五章

风云激荡中的中国外交

089

第六章

风云变幻下的中美关系

107

第七章

中国在崛起的、更加一体化的亚洲中的角色

128

第八章

中欧关系

150

第三部分　重振多边主义

第九章

共同应对全球性挑战

173

第十章

寻找自由贸易的发展方向

186

第十一章

"一带一路"倡议的发展

213

致谢

229

引言

改革开放的征程

本书收录的文章围绕三个相互关联的主题,讲述具有全球意义的故事,这也是全球化智库工作的主线。

第一部分的主题是中国在改革开放政策下取得的显著发展,这一进程始于20世纪70年代末并持续至今。在40多年的时间里,这些改革令中国的经济和社会发生了翻天覆地的变化,中国城市的面貌焕然一新,全体人民的生活水平得以巨大提升。

改革开放的启动也为本书的第二个主题埋下了伏笔:中国日益融入全球经济并在世界舞台上崛起。40多年来,中国从一个贫穷、被孤立的发展中国家发展成为世界第二大经济体和全球经济增长的主要驱动力。正如本书将要讨论的那样,中国不仅经济占全球比重有所增加,在全球经济中的作用也发生了变化。以前,中国因其在制造业和出口领域的出色表现而被称为"世界工厂"。今天,虽然中国仍是世界上最主要的出口国,但它作为主要进口市场和对外投资来源地的作用却更加突出。正如第二部分将要讨论的那样,随着中国经济实力的不断增长和中国企业"走出去"步伐的不断加快,中国的海外利益和对外关系变得更加复杂、更加多元化,这就要求中国外交扩大范围，采用新的工具来实现目标。

作为更广泛的地缘政治格局向更加多极化世界转变的一部分，中国的崛起与本书第三部分的主题密切相关：全球治理的演变。过去 70 多年里，"二战"后建立的国际秩序为巩固全球和平与繁荣做出了巨大贡献。然而，世界已发生根本性的转变——包括发展中国家的崛起、全球经济领域发生的重大变化以及日益重要的跨国威胁，而这一多边体系未能适应这些变化并进行调整，这使其正面临越来越大的压力。在本书内容所涵盖的时期内，这些紧张局势空前突出，由此产生的国家间摩擦给全球经济蒙上了一层阴影。然而，这一时期也诞生了新的国际合作形式，催生了全球治理领域的创新，特别是在区域层面，这为恢复多边主义带来了希望、提供了指引。

这三条主线——中国的国内改革、中国国际地位的提升以及全球治理的演变——不仅是本书的主题，也塑造了我的职业生涯和人生轨迹。因此，在对本书的目标和内容进行更加详细的介绍之前，请允许我简单回顾一下我的人生历程，同时也是对中国改革时代转型的简要介绍，正是这种转型让我们萌生了创立智库、研究 21 世纪的中国与全球化的想法。

与改革开放同行

就个人而言，中国的改革开放进程和逐步融入全球经济的过程对我的职业道路产生了深远影响，因为一些关键的政策决策和国际事件与我人生的几个关键时刻紧密交织。

1958 年，我出生在成都——中国西部面积广阔、群山环绕的四川省省会。北边和西边是广袤的青藏高原，南边是地貌多样的云南。如今，成都已成为一座国际化的城市，穿山越岭的高铁、高速公路与国际航班将其与外界连接在一起。然而，在中国历史上的大部分时间里，四川险要的地形使得人们很难进入。从历史上看，虽然与中国东部的主要城市相比，四川的地理位置相对偏远，但四川有着深厚的文化传统，在最近的几百年和过去的几千年中，孕育出了一批中国知名的知识分子、诗人、画家和官员。

从很小的时候起，我就对旅行和了解外面的世界感到兴奋。我的父母在中国庞大的铁路网中担任管理者和工程师，有时我能有机会和他们一起四处旅行。每次我们要北上越过秦岭－淮河一线，同时也是中国南北方的天然分界线时，我都会因为将要越过这一地理障碍看到外面的世界而兴奋得夜不能寐。

我旅行的另一种方式是书籍。我的母亲出身于书香门第，非常重视读书，总是努力为我们提供丰富的书籍。在上中学时，很多比我年长的朋友会借给我一些当时还不太普及的外国书籍。我一头扎进书海，这激发了我对更广阔的世界的好奇心，开阔了我的视野，尽管这种热情也曾让我陷入麻烦：我在初中时因阅读禁书而受到了惩戒。

读了两年高中后，17岁的我和中国各城市的许多同龄人一样，在"上山下乡"运动中被派往一个村庄。当时我被派往距离成都30公里的一个村庄，住在猪圈旁的茅草屋里，做了将近一年半农活。

虽然生活条件很艰苦，但阅读对我仍是一大慰藉。我每年花几十元钱订阅报纸和杂志，例如《参考消息》。考虑到当时资金的匮乏程度，这简直是一种奢侈。我住的小屋里面很黑，我就在屋顶上开了一个洞，装了一块玻璃，让阳光照进来，这样我就可以在白天读书了。到了晚上，为了能多读会儿书，我把灯芯挑到只剩一根线，以节省每个月的半斤煤油。我还通过收音机收听中国和世界各地的新闻。回首往事，我当时写的一首诗的最后两句表达了我对更广阔世界的好奇心："虽然身处陋室，却胸怀世界风云。"

恢复高考，曙光再临

1977年10月12日晚，通过村里的大喇叭，我听到了这个将永远改变我的人生和国家命运的消息。在田间劳作了一整天后，我像往常一样在家里借着煤油灯看书。这时，大喇叭里传来了一个振奋人心的消息：高考将在 12 月恢复。彼时的我十分兴奋、满怀希望，因为我看到了自己的未来和国家的希望。

中国现代高考制度始于 1952 年，在这一制度下，有志于进入大学的学生需要参加全国统一考试。当我听到这个消息时，高考已经被取消了 11 年，这意味着一代年轻人因此与大学失之交臂。①

今天，高考是所有年轻学生生活的全部，是一个决定性的时刻，比其他任何时刻都更能影响一个人的未来。然而，对当时 19 岁的我来说，高考已成为一个既遥不可及又无关紧要的词。1966 年高考被暂停后，取而代之的是一项完全依靠推荐的大学招生政策。这意味着无论学习成绩如何，只有工人、农民和士兵才有机会被推荐入学。

邓小平同志重返政治舞台后，负责科学和教育事务，他认为这对中国的未来至关重要。在 1977 年 8 月召开的科学和教育工作座谈会上，他成功地推动了恢复高考。

这一消息很快席卷全国。我无比激动，因为我知道这将是一个改变人生的机会。虽然通过关注新闻和了解当时的政治潮流，我曾预料高考迟早会恢复，但大家都不确定这一天究竟何时会到来。在宣布恢复高考之前，我不明白为什么世界各地的人都在努力从农村地区搬到城市为了过上更好的生活，而像我这样的"知青"却在反其道而行之。高考的恢复标志着中国正在向好的方向转变。

追忆往昔，很难形容关于恢复高考的消息在当时产生的影响。除了让一

---

① 1966—1969 年全国统一高考停止 4 年，1970—1976 年通过"自愿报名、群众推荐、领导批准、学校复审"相结合的办法，共招收 6 届（1971 年没有招生）大中专学生（工农兵学员）约 2300 万人，另说有 2880 万工农兵学员。——译者注

代幸运的学生再次有机会进入大学之外，它还标志着一种基于成绩的考试制度的恢复，这种考试制度加强了人们对"知识就是力量"的信心以及对人才的尊重。后来，这些价值观成为我在全球化智库工作和研究的核心主题。

1977年的高考引人注目的另一个原因是，当年的高考是在冬季举行的，并且是自1952年以来录取率最低的一次。当时约有570万名考生参加考试，但录取率只有约5%，而截至2023年的近年录取率则多次超过80%。除了通过竞争激烈的考试外，这一聪明又积极的群体还比目前的大学生群体更加多样化。这届考生中有些人经历了超过10年的漫长等待，希望能够考上大学，因此许多人年龄较大。他们的家庭背景、年龄和社会阶层各不相同，是从田间地头、工厂车间和军营哨所走出来的。还有一部分考生是农民的孩子。

第二年春天，我成了27万幸运儿中的一员，如愿以偿进入大学。

今天，"新三届"指的是那些在1977—1979年（77级、78级、79级大学生）开启大学生涯的幸运儿。新三届也可以被称为中国改革开放的一代，因为他们的命运与这一历史转折点息息相关。他们见证并经历了中国的改革开放，帮助维护了改革开放的成就和进步。他们中的许多人在动荡时期度过了青春年华，在各行各业发挥了重要作用，成为中国文化、政治和商业领域的中坚力量，这其中包括许多成功的企业家和政府官员。

大学之旅：新语言，新视野

我成长于20世纪70年代的四川，那时英语在四川是一种鲜有人用的陌生语言。有一次，一位外国专家来成都做讲座，人们觉得很不寻常，于是蜂拥而至。然而，我的一些朋友已经开始通过收听外语讲座的广播来学习外语，这刺激了我。因此，在听到恢复高考的消息后，我本打算学习科学和技术，但就在考试前20天，我决定改学英语。这一决定将对我的人生产生巨大影响。

最终，我被广州外国语学院①英美文学系录取。于是，在1978年的一个春日，我跳上了从成都南下的火车。三天两夜的火车带着我穿越了大半个中国，来到中国改革开放的前沿广东省。

校园里弥漫着浓厚的学习氛围，我周围的尖子生都很珍惜学习的机会。我每天都学习到深夜，清晨会被同学们用英语、德语和日语聊天的声音吵醒。学校有一个外语图书馆，我可以在那儿翻阅《时代》杂志等新到的英语出版物。

让我对外面的世界大开眼界的不仅仅是教室和图书馆，广州也是一个与我的故乡成都截然不同的世界。广东省长期以来一直是中国和外部世界进行贸易和互动的门户。在改革时代，它仍然是先驱，是中国进出口商品交易会（简称"广交会"）的举办地，很多外国人初到中国时来的第一个地方都是广东。在广州，我遇到了拥有录音机的学生，他们听邓丽君和其他港台歌手的专辑。学生们会在校园里随着这些新鲜的音乐跳舞。时尚也在发生变化，喇叭裤风靡一时。

距离广州不远，在珠江三角洲另一边的深圳很快成为全国第一个经济特区，也是中国改革开放的排头兵。意识到中国需要灵活变通后，邓小平同志曾说过一句名言："摸着石头过河"——国家要试验许多政策，看看哪些政策可行。珠江三角洲正是这些政策的试验田，至今仍是对外开放的先锋，如今深圳也早已从一个小渔村转变为高科技研发中心。

---

① 广州外国语学院于1965年正式成立。1970年10月，广东省革命委员会对广东高校实行"调、并、迁、改"，中山大学外语系，暨南大学外语系、外贸系以及广州外国语学校并入广州外国语学院，同时更名为"广东外国语学院"。1977年恢复"广州外国语学院"名。1995年1月中旬，广东省人民政府常务会议决定，将广州外国语学院和广州对外贸易学院合并组建广东外语外贸大学。6月6日，广东外语外贸大学正式宣告成立。——译者注

当我在广州求学时，北京正在发生重大变化。1978年12月，具有历史意义的中国共产党第十一届中央委员会第三次全体会议正式吹响了改革开放的号角，为未来几十年内改变中国经济和社会面貌的改革铺平了道路。

1979年的一天，我像往常一样走进学校食堂，当我听到学校广播中传出中美建交的消息时，我又惊又喜。我很快便意识到这是中国走向开放的一个明确信号，并且强烈地感觉到将有重大变化发生。起初，当我选择主修英美文学时，心中还存有一丝疑虑，因为我不知道这些科目是不是最有用的。而中美建交的消息恰恰验证了我认为学习英语会有用的信念，也许有一天我也将参与到历史的转折中。

进入政府部门：中国蓬勃发展的商业关系的早期掠影

20世纪80年代初，我大学毕业，当时国家是为应届毕业生分配工作的。但我却一心想进入外交部工作，因此在同学们的惊讶中，我独自坐火车到北京，询问外交部是否有计划招聘应届毕业生，结果证明外交部并无此类招聘计划。最终我在对外贸易经济合作部（简称"外经贸部"，现商务部）找到了一份工作。

当时，改革开放政策为对外经济合作打开了新的大门，在对外贸易经济合作部，我有机会了解到中国蓬勃发展的国际商业关系。工作之余，我会阅读和翻译有关外贸和投资的书籍，以积累专业知识，其中一本是由联合国出版的《发展中国家项目承包指南》(*Guide to Contracting Projects in Developing Countries*)。命运使然，这本书竟为我带来了新的机遇。

这一时期，多边机构与中国的接触逐步增多。有一次，世界银行代表来到对外贸易经济合作部向中国专家和官员介绍其项目。我得到了做口译的机会，由于该主题与我所翻译的联合国出版物中涉及的主题非常接近，我对相关术语非常熟悉，翻译起来得心应手，最终促成了世界银行官员和中方之间的自由交流。此后，我被指派负责接下来几天讲座的口译工作。这对我来说是一个很大的突破，使我能够更多地接触当时在对外贸易经济合作部内部进行的精彩交流和谈判。这包括为中国企业"走出去"的早期阶段提供支持，如对外承包工程和劳务合作，以及对中东等地区的项目进行投标。在此期间，我还参与起草了一份关于中国对外承包工程和劳务合作的报告，得到了时任中共中央领导人的重视，并亲自批示在全国贯彻。这令我备受鼓舞，同时也感觉责任重大。

在对外贸易经济合作部的工作是一段令人难忘的时光，因为在改革开放的早期阶段，它处于中国经济关系深化的最前沿。但这也让我意识到自己对现代经济和贸易的理解还存在差距，我渴望学习更多的国际商务知识，于是我决定放弃稳定的政府工作"铁饭碗"，于1984年赴加拿大攻读当时国内大多数人还不熟悉的工商管理硕士（MBA）。

早期海外探索

在这一时期，越来越多的中国人开始出国留学，但人数仍然很少，尤其是与今天相比。除恢复高考外，派遣留学生是邓小平在1978年做出的另一项重大决定。邓小平认为此举将是改革开放的一个重要组成部分。在此之前，你很难找到一个出国留学的中国学生。今天，中国已成为最大的国际学生来源国，2019年有70.35万中国学生赴海外求学。

当我在加拿大攻读工商管理硕士时，发现自己是学校里为数不多的中国人之一。我的同学对中国几乎一无所知，他们会问我中国有没有飞机或电灯之类的问题。总的来说，西方人倾向于用一种扭曲的视角看中国，对我的祖国极度缺乏了解，所以我主动举行了一次讨论会，向大家介绍中国以及如何在中国做生意。这是我尝试弥合文化差距、消除误解的早期经验，而这至今仍是我工作的重心。

在获得工商管理硕士和攻读工商管理博士研究生后,我又担任了一些职位,这些职位为我之后在全球化智库的工作积累了宝贵经验。这些经历包括作为唯一来自中国内地的中国人在一家拥有6000名员工的大型工程咨询公司担任高级总监工作、后来担任加拿大魁北克政府驻中国香港首席商业和经济代表。在后一个职位上,我致力于促进魁北克和中国在水电和通信等领域的经济合作,助力魁北克一家公司成为全球首家参与三峡大坝建设管理的跨国企业。

海归与中国的发展

1992年1月,87岁的邓小平再次视察南方,沿途与地方领导作了关乎中国社会主义命运的一系列重要谈话。邓小平南方谈话激励了国家和人民再次投入改革开放。他说:"要做出贡献,还是回国好。"

我被邓小平的话深深触动,我知道中国的发展离不开与外界的合作。1993年,中国政府推出了一项支持留学和鼓励具有海外经验的人回国的政策[①]。中国需要一大批具有海外经验的人在中国和世界之间架起桥梁。我希望自己能够成为其中的先行者。

于是,20世纪90年代中期,我回到中国,成为一名创业企业家。在内心深处,我认为每个人在人生中至少应该尝试一次创业。无论成功与否,创业经历都会开拓新的视野、打开新的世界,让人有机会做出尝试并充分发挥自己的潜力。

从海外回国经商的中国企业家为国家发展做出了巨大贡献。从1978年到

---

① 1993年,根据邓小平1992年视察南方谈话精神,国家出台了"支持留学,鼓励回国,来去自由"的留学工作方针。此后,根据这一方针,国家制定了一系列规章制度,一方面进一步放宽留学限制,另一方面吸引留学人才学成归国,为国服务。——译者注

2007年，有121万中国学者出国留学，31.97万人选择回国。这些海归在技术、互联网、电信和媒体等许多领域创办企业，成为中国创业热潮的主要推动力。

然而，当我在20世纪90年代中期回到中国时，支持海归创业的体制机制尚不完善，所以我当时主要依靠自己的主动性来启动创业。利用在海外工作的积蓄，我在北京友谊宾馆租了一间房，从事各种与国际合作和吸引外资有关的商业活动。这个房间既是我的居所，也是我的办公室。

为了认识更多志趣相投的人，我加入了由中国海归创立的最大平台——中国欧美同学会。后来，我提议创办了欧美同学会商会，并被提名为创始会长。我认为，一个健全的社会应该是由政府、企业和社会组织共同支撑的，三者之间有着密切的联系。企业家不仅是企业的负责人，也是社会发展的推动者。

作为一名海归，在中国开展商务是一个令人兴奋的时刻，尤其是在2001年加入世界贸易组织（WTO，以下简称世贸组织）后，中国融入全球经济的步伐加快。鉴于中国如今在全球经济中的核心地位，人们很容易忘记为加入世贸组织（前身为《关税与贸易总协定》，GATT，以下简称关贸总协定）而改革中国传统的计划经济是一个多么艰巨的过程。我国1986年7月提出恢复中国"关贸总协定"缔约国的申请，简称"复关"。1995年世贸组织成立后，改称"入世"，谈判花了15年时间。为了履行入世承诺，中国中央政府修改了2300多项国家法律和法规，而在地方一级又修改或取消了19万项。世界银行数据显示，中国的贸易加权平均关税从1992年的32.2%降至2002年的7.7%，2003年至2017年期间进一步降至平均4.8%。中国持续加强对知识产权的保护，改革了机构，最终在北京、上海和广州设立了专门的知识产权法院，并在15个中级人民法院设立了专门的司法机关。

这些改革推动了中国经济的对外开放，使中国经济在一段时期内实现了奇迹般的增长。2001年，中国的国内生产总值尚不及意大利，仅位列世界第八。今天，中国已成为世界第二大经济体和世界最大贸易国。在过去20年里，中国的出口增长了7倍，进口增长了6倍。中国贸易份额目前占全球的12%，是120多个国家的最大贸易伙伴。与此同时，中国在全球服务出口领域所占份额已经翻了一番，从2005年的3%增至2020年的6%，而它在服务进口领域的份额增速更是惊人，从2005年的3.3%至2020年的8%。

全球化智库的诞生和"新型中国智库"的崛起

我曾在北京大学光华管理学院做了三年的兼职教授，教授国际商业管理课程。在此期间，我感到中国的市场体系发育良好，民营企业如雨后春笋般涌现。加入世贸组织推动了中国的发展和融入全球经济的进程，但同时，随着中国经济的发展和社会复杂程度的日益加深，决策者需要处理的问题也在成倍增加。

然而，当时专注于政策研究的智库很少，尤其是政府机构以外的民营智库。这使我萌生了创立一家社会智库的想法——"以全球视野，为中国建言；以中国智慧，为全球献策"。因此，2008年，我和妻子苗绿博士在北京创立了全球化智库。智库的研究重点是与中国和全球化相关的问题，包括全球治理、国际关系以及人才和企业的全球化等。

事实证明，2008年是国际事务领域中的重要一年。全球金融危机在世界范围内造成了巨大经济损失。同年，北京奥运会成功举办，成为中国改革开放三十年经济增长和转型后在世界舞台上崛起的标志。

在接下来的十年中，全球化智库不断发展壮大，对中国全球化进程的方方面面进行深入研究，为国内外政策制定者建言献策，在中国与世界其他国家之间发挥了桥梁作用。

全球化智库的发展得益于中央的有利风向。自党的十八大以来，政府开始更加重视智库，将其视为提供信息和建议以帮助决策者做出正确决策的重要机制。2014年，习近平主席强调要加强中国特色新型智库建设，以推动中国的现代化治理。中国的公共政策研究界一般由大型国有研究机构主导，但在全球化智库成立后的这段时间里，体制上和财政上独立的智库开始发挥更重要的作用。

作为一家社会智库，全球化智库不仅开创了新的运作模式，关注的话题也比较新颖。2008年全球化智库成立时，"全球化"这一概念在国内尚未被广泛接受。一些中国人认为全球化是一把双刃剑，甚至是"美国化"的另一种说法。然而，在接下来的十年里，高层领导和中国人民接受了全球化，并日益认识到自由贸易、跨境投资和全球合作的好处。但遗憾的是，并非每个国家都像中国一样选择拥抱全球化。全球化将面临越来越多的阻力，尤其是一些在20世纪塑造了全球化进程的工业化国家。

炮火中的全球化

2008年的全球金融危机对全球一体化产生了深远影响，致使世界进入荷兰趋势观察家埃迪耶德·巴卡斯（Adjiedj Bakas）后来称为"慢全球化"（Slowbalization）的时期。这场危机对银行业造成了巨大冲击，许多银行变得更加不愿为贸易融资。同时，随着外国直接投资（FDI）从2007年占世界国内生产总值的3.5%下降至2018年的1.3%，跨国公司的全球崛起也陷入停滞。

也许，更重要的是金融危机带来的政治影响。经济衰退加剧了工业化国家蓝领工人数十年的工资增长停滞。机会主义政客们将矛头指向自由贸易和中国等新兴经济体，激发人们对经济困难和"被抛弃"的不满，导致了反全球化情绪的高涨。后经济危机时期的标志是经合组织国家的民粹主义和保护主义抬头，最终促成了特朗普总统的当选和英国脱欧公投等政治地震。

时间进入本书文章所涉及的时期，在特朗普总统的领导下，美国选择了一条"美国优先"的道路，转向保护主义和单边主义，破坏了其帮助建立的国际秩序。全球治理体系面临着越来越大的压力，而这在很大程度上是因为它未能适应根本的长期性变化，如发展中国家的崛起、全球经济的演变以及日益严重的跨国威胁。例如，随着多哈回合谈判的失败，升级世贸组织的主要谈判实际上已经陷入停顿，导致自1995年以来管理全球贸易的主要规则基本没有变化。2019年年末，美国拒绝任命世贸组织上诉机构新法官，致使其争端解决机制陷入瘫痪，世贸组织再次受到打击。

新冠疫情本应成为全球治理大放异彩、重整旗鼓的机会。大流行病是任何国家都无法单独解决的一个典型跨国威胁。但遗憾的是，由于我们未能见到有效的国际应对措施，这场大流行病非但没能证明多边主义的价值和意义，反而更加暴露了当前全球治理体系的裂痕和脆弱性。

这场疫情再次引发了关于全球化未来的争论。甚至在疫情暴发之前，不断升级的保护主义和中美贸易摩擦已经导致一些人质疑开放边界和漫长、多步骤的供应链是否明智。然而，从许多方面来看，新冠疫情非但没有敲响全球化的丧钟，反而会更加突出其持久的重要性和日益增长的全球合作需求。

全球化是不可抗拒的力量

全球化是一个持续的进程，在这一进程中，世界上不同地区之间的相互联系和相互依赖程度不断加深。根据这一定义，从长远来看，这是一种几乎不可抗拒的力量，由多种因素驱动，包括生态进程、技术进步，甚至人性等。技术的进步不断降低通信和运输成本，为全球范围内的互动创造了新的可能性。在个人层面上，历史一次又一次地表明，当人类获得相应手段和机会时，便会冒险去海外寻找新体验、探索新机遇、发现新想法和新商品。

有些人可能认为新冠疫情是对全球化的一个重大挑战，但从另一个角度来看，这场疫情恰恰突出了"生态全球化"日益增长的重要性，即气候变化、海洋污染和大流行病等物理或生物进程使各国之间产生的相互依存关系。

同时，尽管这场疫情暂时中断了世界各地货物和人员的物理流动，但却加速了数字全球化的发展，如跨境电商和商务会议、学术会议和全球峰会等在线国际交流。2020年，随着工作、娱乐和教育向线上的转移，跨境数据流激增。美国电信市场调研公司（TeleGeography）的数据显示，2019年中期至2020年中期国际互联网流量激增48%。2021年上半年全球贸易的复苏有力地证明了全球化的韧性和势头。

无论是经济、生态还是数字全球化，无论我们喜欢与否，全球化都将继续存在。试图逆转全球化就像试图让时间倒流。我们无法阻止全球一体化的浪潮，就像我们无法阻止智能手机的发明，也无法建立壁垒来孤立某个国家一样。

为了所有人的利益必须管理全球化进程

虽然全球化是不可避免的，但亲眼看见周围世界的变化也让我坚信，全球化可以成为世界上一股重要的善的力量。中国自改革开放以来的转变，到全球化对我曾到访过的许多国家的发展产生的积极影响，以及组织、研究团队和公司得以汇聚世界各地人才和资源——这些都让我看到了全球化带来的好处。

当然，全球化也可能会产生负面影响，这种观点也促成了前文所述的对自由贸易和国际机构的抵制。但我相信，在大多数情况下，如果人们认为全球化造成了伤害——无论是经济、社会还是环境方面的伤害，那么问题并不在于全球化本身，更多是在于全球化的管理方式以及是否忽视了特定利益相关者的利益和声音。

整体来看，全球化为人类创造了净收益。然而，与任何影响广泛的经济转变一样，全球化进程中既有赢家也有输家。要使全球化惠及所有人，我们需要采取积极和包容的方式来管理这一进程，确保所有人都能享有全球化带来的好处，同时共同解决全球化的成本及其造成的混乱。如果我们做不到这一点，全球化将继续面临我们近年来看到的那种反弹，在我们最需要团结的时候阻碍全球合作。国内治理的有效运作在帮助当地社区适应全球化和解决可能出现的公平和可持续性问题方面无疑有着重要作用。然而，在一个相互依存日益加深的世界里，我们所面临的最严峻的挑战是超越国界的，这意味着全球治理的有效运作同样至关重要。

遗憾的是，这场疫情表明，由于未能跟上全球经济和地缘政治格局的重要变化，现有的全球性机构在应对人类在21世纪面临的复杂挑战时显得力不从心。

让全球化为多极世界保驾护航

我们当前的全球化和全球治理模式最突出的缺陷之一是，它越来越不能代表我们所处的多极世界。第二次世界大战后出现的全球化形式一直由以美国为首的少数国家制定的制度、规范、理念和观点所主导。正如联合国安理会、国际货币基金组织和世界银行等机构的投票结构所反映的那样，这是为一个权力高度集中的世界而设计的。

在过去的70多年里，这些构成战后国际秩序的机构在促进全球和平与繁荣方面发挥了巨大作用。然而，这些机构与长期的结构性趋势，特别是发展中国家的崛起之间出现了脱节。从经济成果到安全和环境，发展中国家将对全球事务产生越来越大的影响。在多极化的21世纪，没有哪个国家或狭隘的联盟能够独自主宰全球规则。

世界向多极化转变最明显的表现是亚洲的崛起。从许多方面衡量，亚洲的经济规模目前超过了世界其他地区的总和，这是自19世纪以来的第一次。要想使全球化发挥潜力，我们必须对当前的全球治理框架进行调整，让发展中国家在决策中拥有更大的发言权，同时利用工业化国家和新兴经济体的综合实力来应对全球挑战。

中国在全球化中的角色

谈到全球治理，让我们将视线转向中国。中国在参与当前的全球治理中受益匪浅。拥抱全球化及世贸组织、国际货币基金组织和世界银行等多边机构，促进了中国的发展、改变了中国的面貌。

中国是全球化的受益者不假，但它同样也对全球化做出了很多贡献。展望未来，中国将继续成为全球增长的主要引擎。随着影响力的增长，中国将越来越有能力，实际上也肩负着越来越多的责任，来助力弥合全球治理中的差距，对全球公共产品做出更大贡献。多年来，由于缺乏全球领导力和共识，全球治理的改革一直受阻。而中国完全有能力帮助打破这种僵局，推动国际合作。随着经济发展和影响力的增长，中国能够帮助弥合阻碍改革的分歧，并为后疫情时代提出新的全球治理解决方案。

作为世界上人口最多的国家，中国即将成为世界上最大的经济体，这意味着中国将对人们能想到的几乎所有全球问题产生重大影响。我坚信，中国将会通过继续向全球开放经济，助力加强和改革全球治理，并为全球公共产品做出贡献，在全球化进程中发挥建设性作用，努力兼顾各方利益。如果不这样做，我们都会因此陷入更加糟糕的境地。

遗憾的是，在当前的地缘政治氛围中，有些地区存在着一种反射性倾向，即抵制中国在国际舞台上做出的与其日益增长的能力和责任相称的努力，并对中国发起的任何新的全球倡议表示怀疑。中美贸易摩擦和新冠疫情进一步加剧了这种趋势，目前，国际范围内关于中国的崛起及其在世界舞台上的作用的辩论似乎变得越发激烈、两极化和扭曲。这进一步加深了双方的误解和误读，阻碍了彼此在应对共同挑战上的合作，并助长了一种陈旧叙事的再现，这种叙事威胁了现有秩序的存续，并将世界划分为"我们"与"他们"两大阵营。

从某种程度上来讲，中国以外的人很难明白中国独特的发展模式，这是可以理解的。毕竟，中国的政治和经济体系相当复杂，与世界上大多数人所熟悉的各种体系都截然不同。巨大的语言和文化障碍更加剧了理解难度。除了这些困难之外，观众通过新闻了解到的中国形象通常都是被遥远的机构加工处理过的。

近年来，中国所面临的全球媒体和传播环境变得更具挑战性。然而，我认为我们也必须认识到，在吸引国际受众和解释中国的发展模式方面，中国做得不够好。中国需要进一步提升其向世界讲述中国故事的能力，打造出一套更容易理解、能够与国际社会话语风格产生共鸣的叙事体系。本书正是填补这一空白的一个小小尝试。

全球化智库的使命和本书宗旨

鉴于我们要实现的重要目标——确保我们星球的稳定、持续增长和未来，中国比以往任何时候都需要更深入地了解世界其他地区，世界其他地区也需要对中国有更清晰的认识。事实上，回顾过去，这一直是贯穿我在政府、学术界和商界职业生涯的主题，并且一直延续到今天我在全球化智库的工作。

通过分享我们的研究成果、组织年度论坛、组织外国外交官和学者在全球化智库北京总部与我们的专家进行讨论、对美国和其他国家开展二轨外交访问，全球化智库旨在为中国和外部世界的对话和相互理解搭建桥梁。随着中美两国政府间互动频次的减少，这种非政府交流在本书所涉及的时间段发挥了特别重要的作用。

随着有关中国在世界舞台上角色的辩论的升温，以国际受众能够理解、参与和回应的方式讲述"中国故事"，并分享中国对当今时代紧迫问题的看法，变得更加重要。这既是全球化智库的主要工作，也是本书的核心目标：分享中国人对本国发展、中国在世界舞台上的崛起以及它在未来全球治理中的角色的观点和想法；讲述中国今天的面貌、中国发展所走过的历程以及我们认为中国的未来该走向何方。

本书内容

在讲述了中国改革开放的故事、我的个人经历以及全球化智库的诞生后，我们现在来谈谈本书的其他内容。

本书收录了我在2016—2021年撰写的一些文章，涉及与中国发展和全球化相关的一系列主题。如下文所述，这些文章根据主题分为不同的章节，但读者会注意到，许多文章会涉及一些反复出现的观点和共同的潜在趋势，这些观点和趋势在这一时期影响了中国的发展和全球化。一般来说，除了少数例外，每个章节中的文章都按时间顺序排列，以帮助读者跟踪事件的发展脉络。

大部分文章最初以评论文章的形式发表在中国或国际媒体上。少数文章最初发表在学术期刊或国际组织（如世界经济论坛）刊物上。为了保证全书风格一致、文字简洁和语意清晰，本文集仅对这些文章进行了简单的编辑处理。因此，每篇文章都代表了我在某个时间点的思考，毫无疑问，本书中的一些观点和想法以后可能会完善或发展。我希望，保留这些文章的原貌能够引起人们的兴趣，并提供有用的参考，分享当代中国人对发生在全球化起伏波折时期的关键事件的看法。这一系列文章也是对全球化智库在这一时期基于我们的持续研究和外部参与而提出的政策建议的分类。

本书分为三个部分，共十一章。每部分侧重于全球化智库工作的不同方面以及中国和全球化的故事。

第一部分"中国通往全球化的路径"重点介绍了中国的国内发展，这些发展决定了中国融入世界的各个方面，该部分主要通过追踪中国对外开放进程中的三个不同"载体"或组成部分——货物、资本和人员的跨境流动来体现这些变化。第一章介绍贸易和投资，包括政府为改善中国的外国投资环境所做的持续努力，中国经济特区的持续发展，以及中国作为一个进口市场，其经济规模日益增长的重要性。第二章探讨了中国跨国企业的崛起，重点介绍了它们的卓越成就及所面临的挑战，并就如何克服这些障碍提出了建议。第三章重点探讨人才和文化纽带在中国融入全球化过程中的作用，主要包括中国大学的国际化、加强大湾区人才流动的举措以及中国如何吸引更多外国游客等主题。

第二部分"中国在多极化世界中的崛起"，回顾了中国在不断变化的世界中的对外关系。第四章对不断变化的国际秩序进行了深刻的反思，强调了因新冠疫情而加速发展的关键"大趋势"——例如日益增长的多极化和数字化，正在重塑中国崛起的全球背景。第五章概述了中国自2018—2020年的外交活动，简要介绍了中国对外交往的重点领域以及中国开发的外交工具，如峰会外交和"一带一路"等新的国际平台。第二部分其余各章重点介绍中国与主要国家和地区的关系。第六章探讨了对中国最重要的双边关系——中美关系。随着贸易摩擦的展开，中美关系经历了许多曲折。第七章探讨了中国与亚洲诸国的关系。第二部分的最后一章，将目光转向了欧亚大陆的另一端，探讨中欧关系，中欧关系在日益多元化的同时也具有一定的争议性（第八章）。

第三部分"重振多边主义"审视了当前全球治理体系所面临的压力，并确定了改革和创新的关键领域，这将使各国能够有效合作，以应对21世纪紧迫的全球性挑战。第九章分析了环境退化、气候变化和全球大流行病等跨国挑战，这些挑战只能通过共同努力来应对。第十章论述了经济全球化，包括进行世贸组织改革的必要性以及在亚太地区建立新的区域自由贸易区的承诺。最后，本书最后一章（第十一章）聚焦于"一带一路"倡议，包括如何确保该倡议能够充分发挥其作为全球发展计划的潜力的建议。

第一部分
中国通往全球化的路径

全球化可以被看作是不同国家和地区之间通过货物、资本、人员和信息等不同要素的跨境流动进行互动和融合的过程。本书第一部分"中国通往全球化的路径"主要介绍了这些不同的跨国联系，这些联系在中国的改革开放和融入全球经济的进程中都发挥了重要作用。

第一章
中国在贸易和投资方面的角色变迁

过去40年来，跨境贸易和投资对中国的发展和全球化至关重要。然而，在此期间，这些经济联系的作用和性质发生了重大变化。改革开放初期，引进外商直接投资（FDI）和出口是中国发展的主要动力，而进口和对外投资相对较少。然而，随着中国经济的成熟，进口和对外投资变得越来越重要。本章探讨了跨国商品和资本流动在中国经济中的作用演变，以及政府为扩大和利用这些流动而实行的措施。

20世纪80年代初最重要的政策创新之一就是建立经济特区来吸引外资建立出口导向型生产设施。其中第一个也是最重要的一个是1980年建立的深圳经济特区。1992年邓小平视察南方谈话之后，外商直接投资激增，此前10年外商直接投资年均流入20亿美元，而从1992年到2001年，外商直接投资增长到年均370亿美元。2001年，中国加入世贸组织，引发了另一波外商直接投资浪潮，到2010年，每年流入的绿地投资超过1000亿美元。

除了吸引外商投资，经济特区还是重要的政策实验室，特别是经济改革，如放宽税收和对商业投资的规定。这些改革先在可控的小范围内进行试点和完善，然后再酌情推广到国内其他地区，最终推广到全国。

随着中国日益成为外商投资的热门目的地，中国开始崛起为出口强国，投资者先是在中国南方的经济特区建厂，而后又在全国各地建厂。20世纪70年代末，中国仅占世界贸易的很小一部分，不到1%。现在，中国早已成为世界上最大的贸易国和出口国，是全球生产网络的关键枢纽。除了外商投资，中国作为出口国的快速崛起还有许多其他因素。中国的改革开放恰逢国际贸易的黄金时代，集装箱化等技术进步大大降低了航运成本，使得全球生产链得以实现横跨多个国家。关贸总协定以及后来的世贸组织所推动的贸易自由化进一步促进了成本下降。

改善中国的外商投资环境

过去40年来，外商投资为中国带来了巨大的利益，不仅在就业和税收方面，还包括技术、人才、生产技术和管理技能方面。在新时代，外商直接投资将继续在中国的发展和向高质量、创新型增长模式转型中发挥关键作用。

改革开放之初，外商投资者往往被中国在劳动力等关键投入方面的成本优势所吸引。如今，虽然工资水平有所提高，但由于中国拥有巨大的市场、优质的基础设施、技术人才储备以及发达的先进制造业供应链，因此中国对外商投资者仍具有巨大的吸引力。从巴斯夫、埃克森美孚、特斯拉、丰田、大众和戴姆勒等大型跨国公司的新增投资和不断扩大的本地业务就可以看出这种持久的吸引力。2020年是中国成为外商投资目的国的重要里程碑，外商直接投资流入达到1630亿美元，中国首次成为世界上最大的外商直接投资接受国。

尽管中国市场对外商投资有着巨大的吸引力，跨国公司在国内经济中也持续发挥着重要作用，但中国的外商投资环境仍有改善空间，改善外商投资环境将使中国能够继续吸引和留住符合国家发展目标的高质量外商直接投资。跨国公司和外国商会长期关注的问题包括对某些国内公司的优惠待遇、不平等的市场准入以及对知识产权的保护不足。随着中国寻求转向以创新为导向的高质量增长模式，解决这些问题变得更加重要，特别是考虑到当前的地缘政治气候和对"脱钩"的担忧，一些人对跨国公司在中国的未来提出了疑虑。

为了解决这些问题，确保外商投资继续在支持国家发展中发挥重要作用，在本书收录的文章的写作期间，中国政府启动了一项重要计划，以改善营商环境，并为外商投资企业与国内企业提供公平的竞争环境。

这些努力的核心是 2019 年 3 月中国通过的《中华人民共和国外商投资法》(以下简称《外商投资法》)，这也是本章第一篇文章《〈外商投资法〉推动对外开放迈上新台阶》的主题。这部法律在保障"内外资平等待遇"方面意义重大，体现了中国对外资企业门越开越大的决心。

本章的第二篇文章《外商直接投资增长反映了中国的开放和营商环境改善》追踪了该法实施一年以来的影响，并提出了进一步改善中国外商投资环境的建议。全球化智库一直密切关注《外商投资法》起草和实施的进程，并在此过程中发布了关于外商直接投资作用的报告，组织了各种活动，为跨国公司提供了一个平台，就该法及其他与外商企业相关的问题向政策制定者表达关切并提出建议。

新时代的经济特区

20 世纪 70 年代以前，深圳还是一个小渔村。1980 年被指定为中国第一个经济特区后，这座城市吸引了来自全国各地的人才，如今已成为中国高科技研发产业的中心，聚集了众多初创企业和科技巨头，包括大疆创新、华为和腾讯。然而，尽管深圳已牢固确立了其中国"硅谷"的地位，但其作为政策创新先锋的角色远未结束。特别是，深圳是粤港澳大湾区的重要引擎。本章第三篇文章《"经济特区"试验田助力中国经济腾飞》是为纪念深圳经济特区成立 40 周年而写作的。这篇文章反映了经济特区在中国改革开放进程中的重要性，并探讨了深圳和粤港澳大湾区其他地区在下一个开放篇章中可以发挥的关键作用。

从"世界工厂"到进口大国

在改革开放的大部分时间里，中国因其制造强国和出口大国的角色而被称为"世界工厂"。然而，随着国家的发展和人民收入的提高，中国作为进口国在推动全球经济发展方面的作用日益重要。2020年，中国进口了价值超过2000亿美元的商品。中国政府在努力促进国内消费——这是中国"双循环"模式下的主要增长动力，因而在整个"十四五"（2021—2025年）期间及以后，家庭支出花在进口商品上的部分将会增加。2020年11月，习近平主席表示，预计从2020年到2030年，中国将累计进口超过22万亿美元的商品。

2018年11月启动的中国国际进口博览会（简称"进博会"）是中国从出口导向型发展转型成为重要的全球消费增长市场的里程碑。进博会也是中国为开放市场、促进进口更多优质产品以满足国内需求所做的努力的一部分。进博会为企业提供展示产品的机会，也为各国通过国家展团展示商品提供了机会。它还为出口商提供了一个了解中国政策和市场、推介贸易的平台，有望为外国公司和中国消费者带来巨大利益。本章下一篇文章《进博会开启经济发展新时代》将介绍中国国际进口博览会的发展以及中国作为全球产品目的地的崛起。

在后疫情时代保持增长势头

新冠疫情标志着中国和全球经济进入了一个新的发展阶段，其特点是新的增长动力以及工作、生活和经商方式的转变。《后疫情时代拉动增长的三大动力》一文探讨了在后疫情时代推动中国经济发展的三大引擎：经济一体化、数字经济和持续的人才红利。

在新的发展阶段，外商投资将继续发挥重要作用，但其角色将发生变化。下一篇文章《完善营商环境有助于促进外商在华投资》认为，创建更加有利于创新驱动型跨国企业的公平开放的营商环境，对于促进中国的发展仍然至关重要。文章还指出，吸引更多跨国企业来华发展，是促进中外关系友好稳定的重要途径。

下一篇文章《从全面小康社会到现代化强国》概述了中国在共产党成立100周年时的发展成就，包括实现建成"小康社会"目标和消除极端贫困。文章还概述了"十四五"规划如何成为中国开启发展新阶段的重要窗口。本章倒数第二篇文章《"协商民主"是中国践行民主的重要组成部分》介绍了中国独特的民主方式，以及智库等组织在这一过程中发挥的为经济和其他问题的决策提供意见的作用。本章最后一篇文章《中国民主的有效性：贤能民主、市场民主和科技民主》也关注了这一主题。

《外商投资法》推动对外开放迈上新台阶[①]

外商投资在中国的发展中发挥了至关重要的作用。2020年实施的《外商投资法》将有助于确保外商投资继续发挥重要作用。

自2020年1月1日生效以来，《外商投资法》备受国际社会关注，因为它注定会对中国经济乃至全球经济产生重大影响。这部法律表明，中国决心给予外商投资更多重视并加强保护，为国内外企业创造更好的投资环境。

根据新法及其配套法规，中国正在加强对外资企业合法权益的保护，加快与国际贸易规则接轨的步伐，使政策具有更强的连贯性和更高的透明度，为国内外企业创造公平竞争的市场环境。

[①] 原载于《中国日报》，2019年3月26日，2023年11月修订。

2019年3月15日，第十三届全国人民代表大会第二次会议通过了新《外商投资法》，这表明了中国坚定不移地提高对外开放水平的决心。它也显示了中国在新时代深化改革开放的新思路、新办法，这些都将在深化改革开放中发挥重要作用。

改革开放40多年来，外国投资者和企业为中国经济社会发展做出了重要贡献，未来也将继续发挥重要作用。

商务部数据显示，2020年全年实际利用外资创历史新高，达到1443.7亿美元，同比增长4.7%。全国新设立外商投资企业38570家。除投资外，外资企业还通过创造就业机会，在稳定就业市场方面发挥着重要作用。

据估计，2017年全部外商投资企业吸纳的直接就业人数超过4500万，而随着外商企业的增多，吸纳的就业人数更多。根据商务部的统计，截至2019年，中国累计设立外商投资企业100.2万家，实际利用外资2.29万亿美元，连续27年居发展中国家首位。

外资企业对中国经济做出了巨大贡献，创造了我国近一半的对外贸易、1/4的工业产值、1/5的财政税收和1/7的城镇就业。外商不仅对中国经济有着巨大的推动作用，而且在各行各业都产生了巨大影响。他们为中国培养了大量专业人才，帮助各行各业的技术工人提高技能，促进了中国人力资本存量的发展。

随着《外商投资法》的全面实施，外商在中国面临的一些问题有望得到解决。该法保障"内外资地位平等"，展现了"中国开放的大门只会越开越大"的决心。该法还将有助于更多外国资本注入中国经济，并更好地保护外国企业的知识产权。

2019年版《外商投资法》取代了改革开放40年来用于规范外商投资主体的三部法律，即《中外合资经营企业法》《外资企业法》《中外合作经营企业法》。外资企业的发展反映了中国营商环境的变化，因此中国决心升级法规，以确保与时俱进。

《外商投资法》旨在消除外商投资中的诸多障碍，提升中国公开透明公正的市场形象，从而缓解来自国际上的压力，为中国参与世贸组织现代化改革以及未来加入以《全面与进步跨太平洋伙伴关系协定》（CPTPP）为代表的自由贸易体系奠定了基础。

此外，为外国投资者提供更好的保护应有助于吸引更多投资，促成更多并购，进而帮助中国企业拓展海外业务，为更多中国企业"走出去"创造机会。

在后疫情时代，外资将继续在中国经济发展中发挥重要作用。通过放宽市场准入、加强监管、营造法治化营商环境，中国可以为中外投资者创造双赢局面。

外商直接投资增长反映了中国的开放和营商环境改善[①]

本文分析了良好的增长前景和逐步改善的法律和监管环境如何使中国继续成为外商投资者的首选目的地。本文同时对如何进一步促进外商来华投资提出政策建议。

2020年是具有里程碑意义的一年，中国吸引外资达1630亿美元，成为世界上第一大外国直接投资流入国。尽管新冠疫情带来了一定影响，但中国经济的韧性和良好的增长前景使中国取代美国成为全球投资者的首选目的地。

---

① 原载于《中国日报》，2020年11月9日，2023年11月修订。

此外，中国高出其他国家的增长率与稳健的货币政策带来的比其他市场更高的回报率，吸引了外国投资组合经理将资金转投至中国市场。

2021年3月发布的"十四五"规划（2021—2025年）鼓励外国公司和投资者更深入地参与中国经济的发展，特别是消费品、先进制造业和医疗保健等前景广阔的领域。

预计在"十四五"期间，中国将在产权制度改革、要素市场化配置改革和激发市场主体活力方面取得重大进展。中国正在建立适应高水平开放经济的新体制，这些进展将促进市场体系内的公平竞争。

由于对外开放的深化和营商环境的改善，中国持续吸引着更高水平的外国直接投资。从2017年到2019年，尽管贸易摩擦不断，中国仍然吸引了超过4000亿美元的新增外国投资，并连续三年成为世界第二大外国直接投资流入国。

在新冠疫情期间，中国经济的强劲表现增强了跨国公司对中国市场的信心。尽管新冠疫情带来了诸多挑战，但通用电气、富士胶片、施耐德电气、迅达集团和法国液化空气集团等大型跨国公司均已承诺扩大对华投资。2020年9月，全球化智库发布了《2020企业全球化报告：跨国公司在华发展新机遇》，表彰了在汽车、能源、化工和高科技行业中25家年度最佳外商投资者。

报告强调政策和市场因素对外国投资者同等重要。在政策层面，我国应实施更高水平的开放。这包括制定和实施相关法律法规，例如《外商投资法》，来为外商投资提供制度保障。

《外商投资法》于2020年1月1日生效，是中国历史上首部全面、系统的针对外国投资的专项立法，对外国投资的促进、保护、管理和法律责任做出了明确规定。该法确保外商在华投资得到政府支持、法律保护和规范管理，从而让外国投资者放心。

为了进一步改善外资跨国公司在中国的营商环境，我想提出四点政策建议。首先，我们应进一步改善外商投资的法律环境。制定《外商投资法》是一个良好的开始，但真正的挑战在于法律的有效落实和执行。

我们应尽快完成清理与外商投资监管相关的旧有规章制度和规范，使《外商投资法》及其配套法规得以妥善实施，为中国高水平对外开放提供强有力的法律保障。

其次，我们应进一步完善负面清单制度和优化外商投资环境。2020年版的外商投资准入负面清单从63项减少至33项，自由贸易试验区外商投资准入负面清单从190项减少至30项。在全球贸易保护主义日益上升的背景下，这充分表明了中国继续向外界开放的决心。

但是，负面清单制度在中国实行的时间还比较短，相关制度改革仍在推进中。目前的负面清单管理模式仍存在相关法律框架缺口以及行业分类与国际惯例不一致等问题。

在现行负面清单的基础上，应进一步研究并缩减清单项目，包括允许外商投资进入新基建环节，鼓励外商投资企业与中国企业合作，特别是在科技研发和创新方面，共同推进"新基建"创新。

再次，我们应考虑加入高标准的贸易协定，例如CPTPP，积极扩大多边合作。如果中国加入CPTPP，该贸易协定的经济总量将达到全球经济总量的28.3%，覆盖将近19亿人口的广阔市场。

中国的现行贸易规则与CPTPP规则之间仍存在差距。中国需要主动与CPTPP标准接轨，加强知识产权保护，改善营商环境。同时，中国应继续推进RCEP的实施。北京和东京也应升级投资协定，这将推动中日韩自由贸易区的建立，有助于中国深度融入区域经济。

最后，促进自由贸易区和自贸港的发展，以吸引外国投资。中国的18个自由贸易区应充分发挥其作为负面清单管理试验田的作用。这些试点改革可以根据每个自贸区的特点和优势来进行。入驻这些自贸区的外国跨国公司将享受到灵活的政策和优惠的条件，开展对外经贸合作。

2020年6月1日，中国发布了海南自由贸易港总体规划。"零关税"政策是一个重要开始，未来还可以采取"零补贴"和"零壁垒"措施。"三零"政策可以在沿海自由贸易区试行和实施。最后，成功的经验可以扩展到内陆地区，推动18个自贸区逐步向"三零"贸易标准发展。再加上其他措施，如简化税法和加强法治，中国的对外开放将达到新的高度。

"经济特区"试验田助力中国经济腾飞[①]

> 经济特区在改革时期作为政策创新和对外开放的试验田发挥了重要作用，在中国的"双循环"模式下仍将具有重要意义。

为纪念深圳经济特区设立40周年，2020年10月14日，国家主席习近平发表特别讲话，肯定了深圳经济特区取得的成就，并向邓小平雕像敬献花圈，纪念邓小平的改革开放政策。这一举动象征着中国继续向外资开放经济、推进市场化改革的坚定决心。

20世纪80年代，邓小平认识到中国需要灵活变通，他认为中国需要对许多政策进行试验——"摸着石头过河"。现在，中国正在实施比早年更为详细的市场化改革计划。

这些改革政策在全国推广之前，仍将在深圳这个改革的窗口进行试点。自1980年8月26日正式批准设立深圳经济特区以来，这个曾经贫困的渔村在过去40年间已蜕变成一座现代化的大都市。

---

① 原载于《中国日报》，2020年10月26日，2023年11月修订。

未来 40 年，深圳将进一步发展为"以人为本"的宜居城市典范，同时也将在科技和制造业行业处于前沿地位。

在中国，经济开放首先在试点城市进行。在首批设立的四个经济特区、沿海城市、上海浦东新区和 21 个自由贸易试验区的开放经验基础上，改革政策逐步向全国其他地区推广。

在海南建立亚洲最大的新自由贸易港是改革开放的又一大胆举措。在这一动荡时期，新冠疫情加剧了保护主义和单边主义抬头的趋势，对国际贸易和投资产生了负面影响。一些国家还限制外国投资，试图阻止技术传播。

尽管存在这些不利因素，习近平在讲话中强调，新的"双循环"发展模式不是"封闭的国内循环"，并明确表示希望中国建立"开放型经济新体制"。

中国高层对继续对外开放的肯定，再次证明了深圳在国家发展中的重要性。这座城市结合了东西方文化，并在很大程度上借鉴了香港的发展模式。习近平的讲话表明，中国希望向外界展示，在新的"双循环"模式下，它对外国投资者仍有吸引力。

在国内经济和国际贸易都面临挑战的情况下，培育内需是帮助中国向更可持续的增长道路转型的关键一环。

作为世界第二大经济体，中国有 14 亿消费者、10 多亿智能手机用户和大约 4 亿中等收入群体，内需潜力巨大。在 5G 网络等新基础设施建设的支持下，中国的数字经济正在刺激内需。

然而，习主席曾多次表示，"双循环"战略绝不是停止对外开放。即使没有新冠疫情或外国企图打压贸易，一个工资和收入快速增长的庞大经济体也自然会促使许多企业专注于为中国消费者生产产品。

过去几年，一系列改革表明，中国欢迎外国人参与中国国内市场的竞争。2020 年 1 月 1 日生效的《外商投资法》规定，外国公司几乎可以在所有经济领域进行投资，只有一小部分战略行业或敏感行业被排除在外。

根据已经实施或即将实施的改革，外国投资者将能够在金融服务和汽车制造等许多领域拥有100%的公司所有权，甚至在石油和天然气勘探领域也同样如此。

内需永远不可能完全取代外需。新的"双循环"发展模式要求平衡内需和外需，形成运转良好的"双轮驱动"。高效的内循环有助于促进外循环，外循环也会带动内循环升级。

当前，经济全球化面临诸多挑战。然而，中国作为全球价值链的核心，与许多地区有着密切的经济联系，可以为其他国家的复苏和增长提供支持。

中国政府非常欢迎像苹果和特斯拉这样的国际巨头，部分原因是它们能够迫使国内竞争者提高自己的水平。这些公司的中国供应商必须达到最严格的国际标准，这有助于改善整个行业的生态系统。

创新是中国内循环升级的驱动力。深圳作为中国的高科技研发中心，汇聚了众多中国初创企业和科技巨头，包括大疆创新、华为和腾讯。2019年，中国硅谷的研发投资占当地GDP的4.93%，而2012年这一比例仅为3.81%。深圳还是粤港澳大湾区的"重要引擎"，将成为华南地区充满活力、高度一体化的科技和金融中心。

未来，深圳应深化与港澳的区域联系和协同发展，充分发挥先行先试作用，探索制度创新和发展模式，推动中国融入全球经济。深圳也应努力发挥自身潜力，成为高质量发展、数字经济、智慧城市和可持续发展的全球新标杆。

进博会开启经济发展新时代[①]

中国国际进口博览会反映了中国在全球经济中角色的演变,从出口大国到进口大亨。

2021年11月,上海举办了第四届中国国际进口博览会(进博会)。进博会现已成为一个真正的全球性平台,为促进贸易和跨境合作开辟了新渠道。

中国国家主席习近平在2017年宣布举办中国国际进口博览会,这是中国为开放市场、促进进口更多优质产品以满足国内需求而做出的众多努力之一。中国国际进口博览会为企业提供了展示产品的机会,也为各国通过国家展团推介商品提供了机会。它还为出口商提供了一个了解中国政策和市场、开展贸易活动的平台,有望为外国公司和中国消费者带来巨大利益。自首届进博会举办以来,中国国际进口博览会取得了长足发展,2019年共有155个国家和地区以及26个国际组织参展。

对于尚未在中国站稳脚跟的外国企业来说,进博会提供了一个进入国内市场的跳板,向广大观众展示商品,并与主要行业参与者建立联系。对于已在中国站稳脚跟的公司来说,进博会是向中国、亚洲乃至全球介绍新品牌、新产品和新概念的平台,从而能够确保业务持续扩张。对于中国买家和消费者来说,进博会是了解世界各地多样化产品的独特渠道。

尽管在2020年受到疫情影响,中国国际进口博览会已成为促进中国与世界贸易的重要年度固定活动,将海外企业和生产商与中国和其他国家的消费者联系起来。多年来,中国推出了一系列高规格国际活动,中国国际进口博览会是这方面的最新举措,这些活动反映了中国经济发展的各个阶段。

---

① 原载于《中国日报》,2018年11月2日,2023年11月修订。

1957年，为促进中国制造商品出口而创办的中国进出口商品交易会（广交会）至今仍是中国历史最悠久、规模最大的交易会。1997年，中国国际投资贸易洽谈会在厦门举行，反映了当时中国对吸引外来投资的重视。

改革开放40多年后的今天，进博会成为中国经济发展和定位转变（从出口国到投资目的地，再到进口国）过程中的又一个里程碑。

中国曾被誉为"世界工厂"，而如今，中国消费支出的增长和中产阶级品位的提升已成为推动全球经济发展的主要力量。消费支出的增长是中国持续发展进程中不可分割的一部分，反映了中国从出口导向型、投资驱动型增长模式转向消费驱动型增长模式。

2020年，最终消费贡献了GDP的54.3%。中国已成为世界第二大进口国，2020年进口额约为2.06万亿美元。习主席在2020年11月第三届中国国际进口博览会开幕致辞中指出，未来10年，中国将进口超过22万亿美元的商品和服务，这对外国出口商来说是巨大的机遇。中国国际进口博览会仍然是中国进一步促进进口和国内消费的有效平台，有助于中国经济继续转型和结构调整。

当然，外国企业一直在排队利用这一广阔且不断增长的市场。然而，与过去几年相比，他们面临着更具挑战性的竞争格局，以前凡是外国品牌在中国都能自带光环。但如今，中国消费者越来越挑剔，仅仅是"外国"品牌已经不足以吸引他们。

特别是随着新一代创新型国内品牌的崛起，这些品牌与外国同类产品的质量差距已经缩小，并在许多情况下超越了外国同类产品。这些国内品牌正在迅速改变"中国制造"的形象，通过数字化的零售和服务模式，为本土消费者提供一系列量身定制的优质商品。在竞争更加激烈的环境中，外资企业要想赢得中国消费者的青睐，就必须加强对瞬息万变的中国市场的了解，发挥核心优势。

对外国品牌来说，通过与中国伙伴合作或向中国竞争对手学习，也是实现业务本地化的良好机会。对于中国企业来说，这也是向跨国公司学习、探索和拓展对外业务的好机会。

中国国际进口博览会不仅为外国企业寻找中国市场机会提供了一个实用的平台，还对外展示了中国"开门做生意"、致力于维护全球化和自由贸易的强烈信号。

在多边贸易体系受到挑战、保护主义抬头之际，这一点尤为重要。不幸的是，中国和美国的贸易争端仍然僵持不下，这不仅损害了两国的利益，也损害了全球经济。造成这种局面的部分原因是将国际贸易视为零和游戏的错误观点，这种观点与21世纪的全球经济现实情况不符。

通过向外国出口商敞开大门，中国国际进口博览会表明中国将贸易视为一种能够为所有国家的工人和消费者创造利益的积极力量。我们欣喜地看到，在中美贸易摩擦持续不断的情况下，在2020年第三届中国国际进口博览会上参展的美国企业增至197家，其中包括来自高端制造、智能装备、家电、文化和体育等多个领域的市场领军企业。中国国际进口博览会发出了中国愿意增加进口的明确信号，也为美国商界提供了一个挖掘新的市场机遇、加深与中国联系的机会。希望中国国际进口博览会能在缩小中美差距方面发挥作用，帮助双方认识并扩大经济合作带来的互惠互利。

除了来自发达市场的行业领军企业，我们还欣喜地看到，越来越多的参展商来自发展中国家，特别是那些"一带一路"沿线国家，其中包括来自30多个国家的100多家企业。

例如，在往届进博会上，来自巴西咖啡行业的公司展示了美食产品，想要在中国日益增长的咖啡市场上分一杯羹。摩洛哥和南非等非洲国家的葡萄酒厂也计划利用进博会进入中国，获得中国日益壮大的中产阶级的青睐。

中国对来自非洲的中小企业实施优惠政策，便于它们参加进博会。一旦这些企业与中国建立了贸易往来，它们还可以将中国作为进入其他亚洲市场的跳板。

中国国际进口博览会为世界各地的产品和地区提供了一个展示平台，各国可以通过这个平台发挥自身优势，深化与中国的经济关系，促进国内增长、贸易增长和全球繁荣。

中国国际进口博览会体现了中国愿意在疫情过后为重振全球经济承担更多责任。本着包容发展、合作共赢的精神，中国国际进口博览会将为世界各国企业带来更多机遇，促进国际贸易发展。

后疫情时代拉动增长的三大动力[1]

中国的经济一体化、数字经济与持续增长的人才红利都预示着中国经济的光明前景。

中国对新冠疫情的成功应对，巩固了其作为全球供应链枢纽和全球经济增长主要引擎的地位。2021年前7个月，中国的进出口总值创历史新高，达到3.3万亿美元，同比增长35.1%。

世界银行曾预测中国2021年的GDP增长率将达到7.9%[2]，强调了中国经济的积极前景。展望未来，在后疫情时代，我们预期三大结构性驱动力将会继续推动中国经济的强劲增长。

中国经济增长的第一大驱动力是持续的经济一体化，特别是在亚太地

---

[1] 本文写作于2021年9月，2023年11月修订。
[2] 据国家统计局最终核实，2021年我国GDP比上年增长8.4%。——译者注

区。中国已承诺进一步拥抱全球化，并加入了RCEP，这一协定将促成全球最大的自由贸易区。

15个亚太签署国已承诺在2022年年初加快实施RCEP。一旦生效，RCEP将减少覆盖世界三分之一的人口与经济产出地区的贸易壁垒。

RCEP还将促进亚洲的长期一体化，是中国对外开放的一个重要里程碑。它还可以为中国加入更多的贸易协定，如CPTPP，奠定基础。

与此同时，中国还将与其他国家一道，强化暂时陷入困境的世贸组织。在入世20年后，中国已经完全有能力建设性地使用其在世贸组织中的影响力，助力改革世贸组织，在后疫情时代重振多边贸易议程。

希望这些区域和全球层面的努力能够遏制保护主义浪潮、促进贸易增长，使贸易在全球复苏中发挥积极作用，就像"二战"后和金融危机后那样。反过来，外部需求的复苏也将支持中国经济的发展，并使中国成为日益先进的商品和科技的全球供应者。

中国经济增长的第二大驱动力是数字经济，这一点在疫情期间尤其显著。数据对世界经济的重要性如同20世纪的石油，它改变并创造了整个行业，催生了无数产品和服务。云计算、人工智能、大数据和物联网等技术提供了连接人、物和地点的新方式，其影响只会越来越大。

新冠疫情是全球数字转型的催化剂，中国是这一转变的先行者。中国发达的数字基础设施为企业数字化转型和人们远程工作提供了相对便利的条件。在线教育、互联网医疗和新零售等互联网行业已创造了新的经济增长点。

随着这些趋势的发展，2020年中国数字经济产值达到39.2万亿元人民币（略高于6万亿美元），占GDP的38.6%。在一线城市，这一比例甚至更高。同时，数字经济在对外经济合作中的占比也越来越高。全球化智库和韩礼士基金会（Henrich Foundation）在2019年3月联合发布的一份报告中指出，数字出口已经成为我国第二大出口类别。

中国庞大的技术人才储备是经济发展的第三大驱动力。根据第七次全国人口普查，2020年受过高等教育的人口已达到2.18亿，这为中国提供了大量具备知识基础和技能，能够适应经济快速变化的需求的工人、创新者和企业家，催生了新产品、新技术和新业务，这些都将成为未来的增长点。

为巩固这一人力资源优势，提升全球竞争力，中国应建立更加开放的人才体系。这将有助于新兴产业挖掘人才红利，特别是国际人才红利，为经济带来更多活力。

希望本文所概述的三大增长驱动力将在未来十年和以后推动经济持续增长。此外，经济一体化、数字化和人才发展这三者可以相辅相成。例如，新的数字技术可以利用RCEP等协议下的自由化条款，促进更高效的跨境价值链的发展。这将创造新的增长市场和机会，从而推动亚太地区及其他地区的人才流动。人才流动可以激发创新，推动新行业和新的解决方案的发展，从而反哺贸易增长、提高对外开放程度和扩大投资。这样的良性循环无疑将为中国经济乃至全球和平繁荣带来巨大的推动作用。

完善营商环境有助于促进外商在华投资[①]

通过营造更加公平开放的营商环境，吸引创新驱动型跨国企业来华，对促进中国发展至关重要。吸引更多跨国企业来华发展，也是促进中外关系友好稳定的重要途径。

2020年对中国来说是一个里程碑，中国首次成为世界上最大的外国直接

---

① 原载于《南华早报》，2021年8月2日，2023年11月修订。

投资流入国。当年，外商投资总额达到1443.7亿美元。

数据显示，中国对外资的吸引力正在增长。据商务部统计，2021年1—6月，全国实际使用外资6078.4亿元人民币，同比增长28.7%，较2019年同期增长27.1%。

截至2019年年底，在华投资兴业的跨国公司就已经突破100万家，世界500强公司中已有490余家在华投资，越来越多的跨国公司将中国作为其实施全球化战略的重要组成部分。

疫情之下跨国企业在华投资热情不减，主要源于对中国市场环境的长期看好。国家统计局数据显示，2021年，中国第二季度国内生产总值增长7.9%，同比增长3.2%，显示出中国经济的强大韧性和巨大潜力。

这种潜力来自中国的14亿人口规模，将近4亿的中产阶级群体，以及完备的产业链与配套设施。前沿技术和人工智能，以及政府为改善国家营商环境所做的努力，为中国经济注入了新动力。

此外，对新冠疫情的有效管控也凸显了中国市场的稳定性，这让中国与其他经济体相比具有相对优势。

全球化智库与来自美、欧、日、印等国的19家跨国公司代表举行了闭门会议，就跨国公司在华经营发展进行了交流。整体上，外资企业乐于加大在华投资，获得更多市场份额，但经济、文化、技术等问题的泛政治化加剧了在华外资企业的不确定性。

中国改革开放40年来，在华跨国公司在税收、就业、技术进步、创新驱动、结构升级、市场拓展、对外贸易等方面做出了重要贡献，促进了中国经济社会发展和转型升级。

外资企业是中国经济中最具活力和最重要的组成部分之一，但它们在中国企业中所占的比例却不到3%。然而，外资企业却贡献了近一半的对外贸易、四分之一以上的工业企业产值和利润、五分之一的税收和约13%的城镇就业。

跨国企业在增进跨境经济往来同时也使国家间联系更加密切。未来，要推动构建"双循环"新发展格局，需要营造更加公平开放的营商环境来发挥跨国企业创新驱动作用。

首先，中央及地方政府应在落实开放政策、保障公平营商环境及支持企业发展优惠政策方面予以更多支持。

《外商投资法》、RCEP 和其他贸易协定的相关政策也应落实。这意味着要完善相关配套措施，阶段性核查政策落实情况并逐步清除或纠正与新政策相矛盾的既有政策。

其次，还应通过完善知识产权保护、制定行业路线图、对外资企业诉求从了解到反馈形成闭环机制等措施，努力营造公平、开放、透明的营商环境。

此外，行业协会应加强其传达跨国企业诉求的渠道功能，参与行业标准的制定和相关政策的讨论。

作为政府与企业之间的重要纽带，行业协会在了解行业内各类企业需求、规制行业发展、服务相关会员企业、进行政策解读及向政府反映相关意见等方面发挥着重要作用。全国性及地方性行业协会要公平对待各类企业，可使跨国企业通过行业协会获得更多融入感、参与感，助力营造更加公平的营商环境。

最后，跨国企业在承担企业社会责任、增强企业创新能力、完善危机处理机制等方面也可做出更多努力。跨国企业应增进对中国的了解，尊重中国利益，通过更好地承担企业社会责任，参与讲述在中国的成功故事，树立良好形象。

地缘政治的不确定性的确会影响跨国企业产业链的安全与稳定。对此，跨国公司的当务之急是不断增强创新能力，努力做强做大。

跨国企业还应加强对国际国内政策形势的研判，提升危机预警及应对能力。在更加复杂的国际形势下，跨国企业是国家间关系的黏合剂之一。

营造更好的营商环境，吸引更多跨国企业来华发展，是促进中外关系友好稳定发展的重要途径。同时，中国也可以通过吸引和支持跨国企业来促进经济社会的转型和发展。

从全面小康社会到现代化强国 [①]

在取得建成"全面小康社会"和消除极端贫困的成就之后，"十四五"规划成为中国开启新的发展阶段的重要窗口期。

"十三五"规划（2016—2020年）是中国全面建成小康社会的决胜期。在中国共产党成立100周年之际圆满完成这一目标是一项非凡的成就，尤其是考虑到复杂的国际形势和全球新冠疫情的冲击。

在取得这一成就后，"十四五"规划（2021—2025年）具有重要意义，因为它不仅为中国未来5年和之后的经济和社会发展设立了指导方针，也是中国共产党向第二个百年奋斗目标进军的第一个五年计划。

最初提出的"小康社会"是从数量上定义的，即到2020年城乡居民人均国民生产总值和收入比2010年翻一番。到2019年，中国国内生产总值已达99万亿元人民币（约合14.4万亿美元），已经比2010年的41.2万亿元人民币（约合6.37万亿美元）增长了一倍以上，人均国内生产总值达到10276美元。

国家的经济发展虽然是一个亮点，但并不是全面建设小康社会的唯一重

[①] 原载于CGTN网站，2021年7月1日，2023年11月修订。

点，中国在其他领域也取得了重大突破。从各项指标的稳步提高可以看出，中国人民的生活水平有了真正的改善。例如，人类发展指数（HDI）从1990年的0.49提高到2019年的0.76左右。预期寿命也远高于世界平均水平，在2019年达到77.3岁。

尽管在上述领域取得了进展，中国共产党仍需确保发展模式的平衡。改革开放以来，中国帮助8.5亿多人摆脱了贫困，占同期全球减贫人口的70%以上。

在过去30年里，全球减贫的步伐大大落后于全球化的发展速度，日益加剧的不平等是近来反全球化浪潮的主要原因。所以，中国在减贫方面的成就具有世界意义，可以通过促进全球减贫来推动全球化的进一步发展。中国的扶贫脱贫政策显著地缩小了国内的贫富差距。

在建设全面小康社会的道路上，中国充分发挥了制度和政策优势。政府利用基础设施、产业发展、教育、医疗保健和环境保护等方面的优势促进了发展。

例如，中国在国家教育系统上投入巨资，将高等教育入学率从2010年的26.5%提升到2019年的51.6%，并依法保障适龄儿童和青少年接受义务教育。中国的基本医疗保险现已覆盖超过13亿人口，基本养老保险覆盖近10亿人口。

然而，在评价取得这些辉煌成就的原因时，我们不能忽视全球化和对外开放给中国经济发展带来的好处。国际贸易有助于减少贫困，正如联合国前秘书长科菲·安南所说，"贸易胜于援助"。

在过去40多年里，跨国公司在华投资约占进出口贸易的45%，工业增加值的20%以上，贡献了20%的税收和13%的城镇就业，不仅促进了中国的经济发展，也提供了大量就业机会。

此外，自2001年加入世贸组织以来，中国国内生产总值增长了10倍以上，为全面建设小康社会做出了巨大贡献。中国有2亿多农民工，他们从跨国公司获得的收入和寄回家的汇款成为促进中国经济增长的重要来源。此外，持续的对外开放也推动着中国的科技创新。2010年以来，数字经济和电子商务将中国与世界连接起来，推动中国进入移动支付时代。

在中国共产党的领导下，中国在第一个百年取得了举世瞩目的成就。展望未来，要实现第二个百年目标——到2049年时建成社会主义现代化强国，中国将面临中等收入陷阱、人口老龄化和实现碳排放目标等一系列新挑战。为了应对这些新困难和努力实现第二个百年目标，进一步改革开放对于中国的未来是必要的，也是至关重要的。

面对当前复杂的国际环境，进一步融入世界经济不仅可以促进中国的科技发展和提高创新能力，更重要的是能够通过世界舞台塑造更加和平、友好、可亲可爱的中国形象，来提高中国的软实力。归根结底，中国面临的最重要和最具挑战性的任务之一是，达成某种相互理解，获得全球认可并在国际上扩大朋友圈，这些仅靠经济增长是无法实现的。

"协商民主"是中国践行民主的重要组成部分[①]

多年来，中国形成了自己的"协商民主"形式，在国家治理中发挥着重要作用。本文探讨了这种民主方式以及智库等组织在其中发挥的作用。

民主意味着由人民统治。这个词源于古希腊语，由demos（"人民"）和krato（"统治"）组成，用来表示当时希腊一些城邦实行的政治制度。协商民

---

① 原载于CGTN网站，2021年10月30日，2023年11月修订。

主是中国民主政治的重要组成部分，是"全过程人民民主"的显著特征。

中国是一个人口众多的现代化国家。社交网络和信息技术使最广泛的民意可以通过技术得到更好的表达，这些渠道已成为制定政策的重要参考。

作为思想和人才库，智库的主要职能之一是研究和影响公共政策。智库通过研究报告、研讨会、论坛、会议、座谈会、提案等形式，在公共领域发挥议程设置、政策解读和研究的作用。智库还反映民意，并通过国家协商和民主机制向相关政府机构提供政策建议。

在北美和欧洲发达国家，智库历史悠久，发展相对成熟。近年来，在国家政策的支持下，我国各类智库也蓬勃发展，成为协商民主制度下政策研究、政策建议和政策制定的重要组成部分。

开放式的选拔和培养方式，也意味着这些智库不是代表少数人利益的封闭式利益集团，而是具有使命感的专业化、成熟的人才群体。中国的政治体制有着悠久的任人唯贤的传统，对基层的培养和考核制度培养了一大批善于管理、了解国情、服务民众的全能型专业人才。

长期以来，一些西方政党认为中国的政治体制缺乏民主选举竞争。但事实上，中国的制度通过协商民主的广泛参政议政，保证了政策的科学性和民主性，使政策的制定具有系统性、长期性和稳定性。

除了中国共产党的民主集中制和人才选拔机制外，民主党派和无党派人士通过参加人大和政协的研讨会和会议、参与国家问题研究、提交内部报告和提出建议等方式，在国家公共政策的制定、执行和完善过程中发挥着不可或缺的作用。智库、媒体和行业协会也在监督政策和表达民意方面发挥着作用。

中国是一个文明古国，在文化和制度方面与西方有很大不同。文明的中国历史悠久，但现代化的中国还相对年轻，在人类历史发展中开辟了一条新的道路。对于中国这样一个复杂多样的国家，拥有一个强大的中央政府有助于维护国家的和平统一，建立统一的国内市场。

与此同时，这种规模和权力也意味着国家政策往往影响深远。在中国共产党的坚强领导下，各民主党派参与的多党合作的协商民主，有效保证了中国决策的稳定、高效和科学民主。

在前所未有的变革中，中国取得了举世瞩目的成就，发展势头良好，但也面临着中等收入陷阱、人口老龄化、绿色转型等一系列国内挑战。在国际舞台上，中国的快速崛起将对西方和世界其他国家产生怎样的影响，这是当今时代各国关注的一个重要问题，中国也需要深入思考。

如何更好地处理中国与世界的关系，如何提升中国的国际形象，如何让中国更好地融入世界，如何在世界舞台上获得更多的理解和认可，都是新的挑战。

鉴于公共外交的重要性与日俱增，中国社会各界都应该思考和参与这个问题。在这个过程中，一个和平、发展、合作的中国也将为世界带来更多的发展机遇，贡献更多的中国智慧。

中国民主的有效性：贤能民主、市场民主和科技民主[①]

本文着重说明了任人唯贤、市场民主和科技民主在中国治理中发挥的作用。

在"民主：全人类共同价值"国际论坛上，来自120多个国家和地区的前政府领导人、商界领袖、媒体集团负责人、专家学者等约500人，以及20

[①] 原载于CGTN网站，2021年12月18日，2023年11月修订。

多个国际组织的代表，共同探讨了民主模式的发展与创新等议题。中国的历史传统和现状，以及经济的快速发展，在中国催生了三种民主模式，即贤能民主、市场民主和科技民主。

贤能民主是通过一种相对平等的方式选贤任能来确保全体公民的福祉。这种制度不靠选票来选举官员，而是设法培养出最受欢迎的人才，其效果与选票相同。各领域的治理精英都坚持"天下为公"的原则，全面贯彻"选贤与能"的标准。随着教育水平的不断提高，全国目前每年约有1000万大学毕业生，为选贤任能的实施和发展奠定了坚实的基础。

当前，新型智库建设也被纳入，选贤任能更加不拘一格。决策渠道更加多元化，大大拓展了决策参与度，增强了民主代表性。同时，通过社交媒体这个渠道来达成共识、凝聚合力，与其他形式的社会治理（如通过扶贫和可持续发展实现乡村治理等）一起，在贤能民主建设中发挥着独特的作用。这些模式还在进一步的发展和探索过程中，但也反映出中国民主充满生机和活力的一面。

中国的市场经济和社会环境酝酿着新的民主创新。其中，最引人注目的是在中国市场经济基础上发展起来的市场民主。

市场民主，即市场经济充分发展后，消费者为维护自身权益而采取的具体行动，如购买、评价、投诉、互动等。整个过程包含对产品、服务乃至公共产品的分析、反馈、评价，促进服务的优化。

在市场与消费者的接触过程中（一套复杂的产品评估系统），服务和品牌价值得以确立。这个系统（通过互动和反馈）寻求双方利益的最大化，促进市场的良性循环，在一定程度上推动了市场发展和社会进步。

作为一种新理念，市场民主随着中国经济的发展而不断发展壮大。中国目前有10多亿智能手机用户，不断扩大的数字经济规模（2020年数字经济已占国民生产总值的近40%）已经持续融入公众的民主观念。

随着数字经济在中国渗透率的逐步提高，大数据、云计算、人工智能逐渐为社会治理提供了更多的技术支持手段，这就在中国催生了一种独特民主形式——科技民主。

在强大的数据采集和数据分析能力的支撑下，社会治理反馈机制的层级化程度降低，治理模式趋于扁平化，这使得治理机构能够对重大社会、经济、安全事件做出更快速的反应，迅速提高治理效率。

例如，新冠疫情暴发后，相关部门和企业通力合作，迅速推出了"健康宝"应用程序，为全国范围内的"动态清零"防疫战略奠定了基础。中国以科技推动民主管理、以大数据分析助力科学决策的模式，开创了一条保障民生权益的新路径。

此外，科技赋能可以充分发挥人大优势。通过云流媒体、5G、人工智能等技术，人们可以更直接地参与到人大工作中，也让人大工作更加透明，提高群众满意度。

自近代资产阶级革命确立了现代民主的基本框架以来，以选举民主为基本特征的西方民主制度经历了数百年的发展，如今亟待理论和实践的创新。而以中国为代表的社会主义民主制度仍在发展和完善之中，尽管中西方对民主有不同的认识，但双方都承认民主是一个不断发展的过程。

如今，新的环境促使中国进行民主制度创新，无论是贤能民主、市场民主、科技民主，还是其他制度创新，都将把民主理念和民主制度推向新的高度，也必将为世界走向人类命运共同体做出开拓性的贡献。

第二章
中国跨国企业的崛起

上一章从贸易和投资的角度讨论了中国在全球经济中的角色演变。本章将探讨中国全球化的另一个关键方面：中国跨国公司崛起。

数十年前，中国主要作为吸收外资和向全球出口商品的制造业强国而闻名。但近年来，中国作为创新和对外投资来源的作用越来越重要。跨国公司是这一转变的关键参与者。在过去10年中，随着越来越多的中国企业走向国际化并在全球范围内拓展业务，中国的对外投资对全球经济的影响与日俱增。目前，中国企业在世界舞台上占有重要地位，在2020年《财富》全球500强企业名单中，有124家中国内地和香港企业上榜，超过上榜的美国企业数量（121家）。鉴于1990年首次发布该榜单时没有中国公司上榜，这一增长显得尤为重要。

鉴于中国对外投资对中国发展和全球经济的重要意义，中国企业全球化是全球化智库一直以来的工作重点。全球化智库每年都会基于大量数据，对中国企业全球化的现状进行严谨而系统化的研究和调查。我们特别分析了中国企业"走出去"过程中面临的问题和风险，评估成功案例，为制定有效的外国直接投资战略提供建议。全球化智库已经出版了一系列书籍和报告，为企业在当前复杂的国际经贸环境中的发展提供指导。我们希望这些见解——其中一些在本章中有所介绍——能够帮助中国企业规避海外直接投资的各种风险，并就如何参与国际竞争提供具体的建议。

中国企业"走出去"

过去，中国企业的国际化主要是通过引进外资实现的。这种投资使中国企业在中国国内市场上与非中国企业竞争，迫使中国企业提高相对这些外国对手的竞争力，这是中国企业在国际市场上能够经营成功的重要一步。

进入21世纪，中国企业越来越多地选择"走出去"。通过直接对外投资，中国企业正在进行结构调整，以充分利用全球资源和市场。在此过程中，这些企业的运营越来越全球化。

20世纪80年代，当我第一次在对外经济贸易部为中国企业走出国门提供支持时，许多中国企业都是以对外承包工程或劳务合作的形式走出国门的。20世纪90年代，"走出去"潮流正式兴起，中国企业在政府扶持政策的鼓励下开始涉足海外市场。2001年，中国加入世贸组织，为中国企业融入全球市场打开了新的大门。随着海外投资和业务的增长，中国企业积累了经验、专业知识和技术，并加深了对国际管理实践的理解。随着中国企业向价值链高端攀升，加大对海外市场的投资是必然趋势，这也有利于扩大中国的贸易关系，维护多边贸易体制。

推动这场"走出去"潮流的既有"推力"，也有"拉力"。国内层面，中国劳动力资源依然丰富但用工成本逐渐上涨。一线城市越来越像发达经济体的城市。工资和环保要求提高了，而成本竞争力却减弱了。"走出去"成为一个优质选项，中国企业在海外配置资源，通过升级和创新向全球价值链高端攀升。在"拉动"因素方面，中国企业渴望开拓发展中国家的高增长市场，并通过在发达经济体积累经验来磨炼自身的竞争力、研发能力和专业技能。

跨国企业面临的挑战

近年来，所有跨国公司都面临着全球化逆流的冲击。不断加剧的贸易紧张局势和保护主义减缓了对外投资的步伐，同时对外国投资的审查也在增加。由于不信任和地缘政治对经济政策的影响日益严重，这些不利因素对中国企业的影响更为明显。华为最近的经历就是一个典型案例。

随着"走出去"进程的加速，中国企业必须克服陡峭的学习曲线，调整自己的做法和商业模式，才能在海外市场站稳脚跟。中国企业在全球化过程中遇到了各种问题，包括：管理法律和政治等风险的能力不足；对国际标准制定的参与度低；企业品牌国际化存在障碍；企业人才国际化程度有限。

针对这些不利因素，中国企业最好吸收发达经济体跨国公司的经验教训，它们在如何利用国外资源克服困难方面积累了丰富的经验。

想要全球化的中国企业还应寻求与东道国的机构、当地企业和其他组织建立战略伙伴关系。此外，一些多边机构，如世界银行和亚洲基础设施投资银行（AIIB，以下简称亚投行），也向企业敞开了合作之门。与这些组织合作可以在市场准入、融资和风险管理方面助力中国跨国公司。

本章第一篇文章《国际合作有助于中国企业进一步实现增长》探讨了过去几十年里中国企业必须面对的国内外环境发生了怎样的变化。文章还强调了建立有效国际伙伴关系的重要性，这样中国跨国公司才能提升自己，成为帮助塑造更具包容性的全球化的重要参与者。

本章的第二篇文章《中国企业如何成为全球领跑者》认为，中国企业要想达到与美国同行一样的盈利水平，就必须提升创新能力，更好地利用全球价值链。

第一部分
中国通往全球化的路径

国际合作有助于中国企业进一步实现增长 [1]

对中国企业而言，国际合作是开启进一步增长机遇的关键。

自20世纪80年代初步涉足海外市场以来，中国企业已在全球多个领域拓展业务，目前在《财富》全球500强企业中占有120多个席位。如今，全球化对中国企业的持续增长依然重要。然而，不断变化的国内外形势要求企业采取新的手段和方式来实现增长。

改革开放以来，中国企业国际化经历了几个阶段。从1978年到1990年是准备阶段，在这一阶段中国企业完成现代化转型、学习外国经验。20世纪90年代初期，"走出去"正式开始，中国企业在政府政策的扶持下开始向海外市场进军。2001年中国加入世贸组织，为中国企业融入全球市场打开了新的大门。随着海外投资和业务的不断增长，中国企业积累了经验、专业知识和技术，加深了对国际管理实践的理解。

全球金融危机后，中国企业海外活动的规模和范围不断扩大。他们寻求新的全球化途径，从出口、境外承包项目和劳务合作转向绿地投资和对外并购，以增强实力并在新市场站稳脚跟。典型案例包括TCL收购施耐德（2002年）、联想收购IBM个人电脑业务（2005年）和吉利收购沃尔沃（2010年）。到2015年，"走出去"势头强劲，中国首次成为全球资本净输出国。

过去40多年，中国企业成长迅速。然而，现在国内外形势都发生了变化，这给中国企业带来了新的挑战。

国内方面，中国曾经依靠大量廉价劳动力成为世界工厂，如今这一情况已经改变。一线城市越来越向发达经济体看齐，工资水平和环保要求已经上

---

[1] 原载于《中国日报》，2019年1月18日，2023年11月修订。

升，成本竞争力和国内增长潜力已经减弱。中国企业别无选择，只能继续走向海外，通过海外市场优化资源配置，通过升级和创新提高自身在全球价值链中的地位。

海外方面，由于贸易紧张局势和保护主义的加剧，所有跨国公司都面临着逆全球化的冲击。新冠疫情加剧了这些挑战，各国对外国投资的审查也收紧了。对于像华为这样的中国企业来说，情况更加严重，在经济政策上它们面临着日益严峻的信任风险和地缘政治挑战。

尽管取得了显著的进展，但要跻身顶级跨国公司的行列，中国企业仍然面临严峻的考验。这包括利用更多国际人才，适应不同文化，加强风险管理，并将重点从"产品全球化"转向"品牌全球化"。

未来40年中国企业的前景将取决于它们能否克服这些挑战。幸运的是，这些问题都有一个共同的解决方案：国际合作。

这种全球化合作模式的条件已经成熟。"一带一路"倡议已经搭建好舞台，越来越多的参与者渴望与中国企业合作。

除了与东道国合作外，与第三方国家的伙伴关系也将成为释放新的增长机遇的关键。例如，根据2018年签署的《关于中日企业开展第三方市场合作的备忘录》，两国企业可以在东南亚等地区合力开展业务，而不是互相对立。从竞争到合作的转变不仅有利于改善双边关系，也有利于企业自身。

同样，美国和欧洲的跨国公司拥有先进的实力和丰富的全球经验，可以成为中国企业的理想战略合作伙伴。通用电气（GE）等企业已经成立了专门的团队，寻找"一带一路"倡议的国际合作机会，与中国同行一起在全球范围内开展工程总包（EPC）项目。这种合作关系使中国企业能够发挥协同效应、优化资源配置、规避经济和政治风险。这种关系也有助于年轻的中国企业避免在全球化过程中犯错。

但并非所有合作都能圆满，企业必须选择优势互补、符合长期战略的合作伙伴。国家机构和多边机构如中国国际发展合作署，可以帮助牵线搭桥和提供便利。与世界银行和亚投行等组织合作，有助于获得资源、强化风险管理和可持续性，从而获得长期成功。

通过培育国际伙伴关系，中国企业可以提升自身的国际地位，同时也有助于塑造更具包容性的全球化模式。这将为跨国融合提供更多支持，并确保中国企业在未来40年甚至更长时间内继续成为中国改革和发展的载体。

中国企业如何成为全球领跑者[①]

> 中国的跨国公司要想在更高层面和更广阔的领域走向全球，就必须加倍努力创新。

中国跨国公司已经在世界舞台上占有重要的一席之地，在《财富》全球500强企业2020年排名中占有124个席位，而在1990年该榜单初创时，中国没有一家企业上榜。

然而，尽管中国的跨国企业的规模已经大幅增加，但其盈利能力尚不值得夸耀。上榜的中国跨国企业的平均利润为35.6亿美元，而榜单上所有500家公司的平均利润为41亿美元。总体而言，2020年榜单上的中国跨国企业的利润率为4.5%，略高于法国（4.3%），但远低于瑞士（8.3%）、美国（8.6%）和加拿大（8.8%）企业。

榜上的10家中国银行利润总额为1941亿美元，占榜上所有中国跨国企业总利润的44%。因此，剔除银行业后，中国跨国企业的盈利能力显得更为

[①] 原载于《中国日报》，2019年8月15日，2023年11月修订。

不足。

这种利润上的差距很大程度上与三个关键因素有关：跨国公司的主要业务、创新能力和利用全球价值链的情况。

与美国公司相比，在新兴行业中盈利的中国公司较少。《财富》500强中上榜的中国跨国公司大多数的主营业务是重工业、金融和房地产，而新兴产业领域的中国公司则排名靠后。

因此，尽管中国的科技公司正在迅速扩张，但与美国的科技公司相比仍存在巨大差距。在榜单中，只有4%的中国跨国公司来自科技领域，其中只有华为进入前100强，排名第49。相比之下，在美国最大的跨国公司中，科技企业占有重要地位，亚马逊排名第9，苹果排名第12，Alphabet排名第29，微软排名第47，戴尔科技排名第81。

这些美国科技公司的盈利能力明显高于华为，尽管这家总部位于深圳的企业近年来崛起迅速。这些利润数据表明，中国企业在将创新变为持久竞争优势方面仍有改进空间。

中国跨国公司在充分利用全球价值链方面也有提升空间。根据中国企业联合会和中国企业家协会共同发布的"2020中国100大跨国公司及跨国指数"，中国100强跨国公司的平均跨国指数为16.1%，远低于全球100强跨国公司（65%）。这表明，中国跨国企业在全球范围内整合资源的能力仍然相对较弱。

全球100强跨国公司从全球招募人才，通过国际分工降低成本，并向国际客户销售产品和服务。相比之下，中国企业往往严重依赖国内市场。虽然国际化的中国企业数量不断增加，但仍有一些挑战需要克服。

此外，在当前的反全球化浪潮中，中国企业面临着保护主义、单边主义以及对外国投资审查趋紧等障碍。

中国跨国公司需要提高自身的创新能力和全球竞争力。以下几个措施有助于实现这一目标。

第一，中国跨国公司应引进更多国际人才，这对提高创新能力至关重要。只有"走出去"招聘和培养国际人才，才能高效利用全球价值链，适应海外市场并使产品本地化。小米能在短短九年内跻身《财富》全球500强，与其国际化人才战略密不可分。

在创立之初，小米就从谷歌、微软等知名跨国公司聘用了高级人才来制定其品牌战略。在进军海外市场时，小米与当地人才紧密合作，将其品牌融入当地市场并确保产品满足客户需求。其他拓展海外市场的中国跨国公司也可以从这种国际化人才战略中获益。

第二，中国应继续深化改革开放，为中国企业增强竞争力创造有利环境。与世界一流企业的互动和竞争是中国跨国企业在全球舞台上磨炼能力的必要条件。

在全球化的数字经济中，国内市场和国际市场的区别正在消失。只有通过开放竞争和创新，中国跨国公司才能成长得足够强大和智慧，成为真正的全球领先者。

第三，中国应继续推动签订自由贸易协定，开拓新的市场机遇，保障中国跨国企业在海外的利益。

第四，过去20年里，中国企业得益于世贸组织框架下更宽松的市场准入，世贸组织也为中国企业提供了解决不公平非关税壁垒的机制。

第五，如今，世贸组织的作用大不如前，中国需要推动更多区域性自由贸易协定和组织来支持中国企业的全球化，如RCEP和亚太自由贸易区。中国还可以考虑加入2019年年初生效的CPTPP。

过去20年，中国企业已逐渐融入全球经济并成为全球领先者，但在全球化的下一阶段，中国企业必须继续探索新的发展路径，不仅要做大，还要做强，做到可持续发展。

第三章
教育、人才和文化纽带

人才是任何国家发展和繁荣的命脉。如果说商品和资本的流动在中国改革开放的早期阶段发挥了重要作用,那么在未来,人才和专业知识的全球流动对于中国的发展可能会更加重要。考虑到中国的经济结构调整和人口红利的下降,这一点显得尤为重要。

人才、教育和文化纽带是全球化智库研究领域中的重要议题。我们将培养人才和促进人才流动视为中国发展的关键,并定期举办关于国际教育、海外留学和归国人员、全球移民等议题的活动,出版相关书籍和报告。全球化智库还设立了中国人才50人论坛、全球教育50人论坛等相关论坛,并连续多年承办中国留学人员创新创业论坛。

恢复高考

过去40多年里,中国政府制定了一系列培养人才和提升国家人力资本的政策。回首过去,中国对国家教育体制和人才培养体系进行全面改革的起点可以追溯到高考的恢复。事实上,教育在中国发展中的重要性不言而喻,甚至可以说改革开放的真正起点并不是1978年12月召开的具有关键作用的三中全会(在这次会议上中国领导层确定了全国经济改革的方向),而是在1977年冬天恢复了中断11年的高考。

正如本书引言所述,恢复高考的决定对我的人生也产生了重大影响。当时我作为一名"知识青年"下乡到四川农村劳动，高考的恢复给了我读大学、开阔视野的机会。恢复高考也是中国的一个转折点，标志着中国恢复了唯才是举、重视知识和才能的制度。《恢复高考——一个新时代的开启》一文回顾了这一关键时期，它使一代莘莘学子得以接受大学教育，并在中国政治、商业和社会中发挥重要作用。

来华留学生

进入 21 世纪，中国的教育比以往任何时候都更加国际化。在世界范围内，中国仍然是最大的留学生来源国，2019 年——在新冠疫情严重扰乱正常国际教育的前一年——有 70.35 万中国学生出国留学。来华留学的国际学生人数也显著增加，但 2018 年来华留学的海外学生人数仅为 492185 人，与出国留学的中国学生人数相比仍然相形见绌。本章的第二篇文章《中国大学需要吸引更多留学生，但不能区别对待》探讨了中国大学为何难以吸引优秀海外学生。

粤港澳大湾区的人才流动

人才流动是中国提升人力资本的另一个重要层面。有才干的年轻人要发挥潜能，为国家发展贡献自己的专业技术和能量，就必须能够不受阻碍地在全国范围内流动，这样才能找到最能施展自己的抱负和技能的岗位。然而，有时候官僚主义等各种障碍会妨碍人才的流动。

人才流动问题与粤港澳大湾区（包括广东省、香港特别行政区和澳门特别行政区）的发展尤为相关。作为连接中国内地与外部世界的桥梁，香港在粤港澳大湾区中扮演着独特的角色。在此之前，香港是货物和资金的区域通道。现在，香港凭借其在金融服务、科研和管理方面的优势，成为大湾区的人才枢纽。粤港澳大湾区还为培育蓬勃发展的香港企业家和初创企业提供了现成的市场和产业链条。本章的第三篇文章《如何鼓励香港青年、人才和创新资源在粤港澳大湾区流动》提出了促进广东、香港和澳门三地青年流动的措施，这也是促进三地融合的有力举措。

中国的旅游赤字

本章的最后一篇文章从人才和教育的角度探讨了跨境人口流动的另一个方面：旅游业。

全球化智库对作为全球移民项目的一部分的旅游业进行了多年深入研究。这项研究着重指出了一个问题，即中国出境游和入境游之间存在着持续的不平衡。

40年前，中国国内旅游业尚不发达，国际旅游对大多数普通中国人来说更是遥不可及。如今越来越多的人有能力出国旅游，中国出境旅游人数的惊人增长也成为中国日益繁荣的最显著的标志之一。然而，尽管中国拥有众多自然奇观和文化奇迹，但在吸引外国游客方面，中国仍处于劣势。《中国正面临世界上最大的旅游赤字，如何弥补缺口》一文探讨了出境游和入境游差距日益扩大的原因，并就如何解决这一问题给出了建议。

建设全球人才枢纽

2021年9月，中央人才工作会议在北京召开，体现了培养和吸引国际人才以支持中国现代化和融入全球经济的重要性。本章最后一篇文章《建设全球人才中心，助力中国未来发展》写在此次会议召开后不久，文章回顾了中国在提高人力资本存量方面取得的进展，并简述了增强中国作为全球人才磁石吸引力的措施。

恢复高考——一个新时代的开启[①]

1977年，中国恢复了高考制度，这不仅改变了一代年轻学子的命运，也标志着国家对教育发展和人才培养的重视。

在1978年召开的具有历史性意义的三中全会上，中共中央正式批准在经济建设中实行更加开放的方针，这通常被认为是中国改革开放的起点。然而，我认为改革开放的真正起点应当追溯至一年前的1977年，当年冬天恢复了高考。

1977年，邓小平在复出后，提出了两项具有历史意义的政策：一是恢复全国高等院校入学考试，即高考；二是启动派遣留学生政策。前者对培养中国改革和建设现代化所需的人才尤为重要，时隔多年，大学的校门重新开启，为学子们带来了改变人生的机会。

高考的恢复象征着一个新时代的到来，知识和人才的价值再次得到认可和重视。它也标志着中国从混乱转向稳定，人们可以通过努力和学习知识与技能来改变自己的命运。高考的恢复给中国所有学子带来了希望，也对国家的发展产生了深远的影响。它还预示了改革开放的开启，并为支持这一进程的人才培养体系奠定了基础。

1977级、1978级和1979级学生通常被称为中国"改革开放的一代"，因为他们的人生轨迹与这一历史转折点密切相连。他们是改革开放的见证者、实践者和推动者。他们努力抓住机遇，履行他们这一代人肩负的责任和希望，并为年青一代留下宝贵的精神遗产。考虑到这一重要性，1977级、1978级和1979级学生值得更多的学术关注。《那三届：77、78、79级大学生

---

① 原载于《中国日报》，2017年8月24日，2023年11月修订。

的中国记忆》一书试图填补这一空白，并对这一关键时期进行反思。

倾听这一代人的心声和回顾他们的经历对认识和弘扬改革开放的精神具有重要意义。与仅仅对一系列事件进行抽象的总结相比，突出个人经历的讲述方式能够引起人们对这一重要历程更浓烈的兴趣。

高考的恢复也提醒我们，教育是国家发展的支柱。然而，中国教育制度改革，尤其是高考制度改革仍然任重道远。中国的人才培养和聘用体系以及在如何使该体系适应和融入全球化方面，仍存在改进的余地。

进入21世纪以来，中国一直把人才培养放在首位，因为人力资源是经济和社会发展的关键基础。人才竞争已经成为综合国力竞争的焦点。鉴于此，我希望在中国迈向全球化新时代的征程中，"改革开放的一代"的榜样力量能够继续激励政策制定者和年青一代。

中国大学需要吸引更多留学生，但不能区别对待[①]

> 与出国留学的中国学生人数相比，在华留学生人数相形见绌。国际人才是高质量发展的关键，因此需要更好的政策来鼓励外国学生来华并留在中国发展。

过去几年中，一系列事件引发了关于在中国的外国留学生待遇的争论。从针对来访学生的特殊照顾到对不良行为的宽大处理，许多人对校园中给予外国人的明显优待表示不满。

与其纠结于个案，我们应该反思一个更广泛的问题：为什么尽管有那么多

---

① 原载于《南华早报》，2019年8月6日，2023年11月修订。

福利和奖学金,中国高校在国际化和吸引海外优秀学生方面仍然举步维艰?

疫情发生前,在美国,国际学生约占高等教育入学总人数的5.3%。而在中国,这一数字仅为0.6%。中国学生赴海外留学的人数仍然远远高于来华留学的外国留学生人数。解决这一不平衡问题尤为重要,因为包括外国留学生在内的国际人才是中国实现高质量发展的关键因素。

随着发展,中国已经成为全球商品和资本流动的参与者。在未来,人才和专家的全球流动对中国的发展可能会更加重要。结合中国的经济结构调整和人口红利下降的情况来看,这一点尤为明显。

前几个阶段的全球化是由商品流通推动的。如今,由于长期结构性趋势,贸易对经济增长的推动作用正在减弱。相比之下,全球人才流动作为创新、增长和发展的载体具有巨大潜力。在对全球人才开放方面,美国表现出超越其他国家的优势。来自外国的人才使得美国在许多尖端领域处于世界领先地位,从2000年到2016年,美国共获得78个诺贝尔化学奖、生理学或医学奖和物理学奖。其中约40%的获奖者出生于海外。国际学生每年为美国经济贡献数十亿美元。

然而,美国似乎正在关闭作为其竞争力源泉的开放大门。2019年,美国研究生院的国际学生入学人数连续两年下降1%。这给了其他国家将自己定位为全球教育中心的机会。中国已经取得了长足的进步,成为亚洲第一大留学目的地。然而,与美国和英国等市场领导者相比,中国还有很大的提升空间。

目前,中国3000多所高等院校中只有三分之一接受国际学生。2018—2019学年,在美国接受高等教育的中国学生超过36.9万人,而在中国的美国学生不到1.2万人。这种不平衡导致中国一直是技术人才的净输出国。

要解决中国的"人才赤字"问题,就需要政府和教育机构采取措施吸引国际学生。最近,中国在全国范围内推出了12项政策措施,放宽签发长期签证和居留许可的对象范围，范围扩大到从顶尖大学毕业、希望在华创新创业的优秀外国留学生。这是值得庆祝的一步。

同时，大学应改善国际学生的留学体验。这并不意味着给予他们特殊待遇，而是要确保国际学生能获得与国内学生同样丰富的机会。

高校的传统做法是，将留学生一直与国内学生分开管理，在他们之间形成了一堵墙。他们往往住在不同的楼里，选修不同的课程。这种区别对待的管理模式阻碍了国际学生融入校园，也滋生了误解。

就像对待在华外企一样，现在是时候摒弃僵化区分"外企"与"中企"的旧思维了。事实上，大多数国际学生来中国并不是为了享受特殊待遇。他们希望和国内学生一样，受益于更加融合一体的教育和社会体验。我们应该为他们提供更多共同生活和学习的机会，而不是将他们隔离在不同的宿舍和教室。

英语课程也应扩大范围和改进内容。目前，留学生往往面临着要在短短五年内掌握中文并顺利毕业的艰巨任务。也许更多中国高校可以像其他国家的高校一样开设英语课程，这为国际学生来华接受高等教育提供了新的途径，无须汉语水平作为先决条件，从而增加了潜在生源。

国际课程薄弱的部分原因是缺乏合格的教师。例如，中国高校来自海外的教师不到1%。中国大学应该广撒网，从世界各地招聘顶尖学术带头人和教师。

政府目前对学费设置了低于市场价的上限，改革这一现状也将有助于国际化。在中国，留学生往往给大学造成成本负担。放松对留学生学费的限制将鼓励中国高校招收海外学生，并为改善学校服务提供资金。在美国和英国，国际学生的学费已成为科学研究投入的重要资金来源。

上述措施有助于吸引和留住更多国际学生，为中国的发展注入活力，并加深与世界各国的联系。国际教育可以发展成为中国的支柱产业，为当地社区增加就业、收入和多样性。这也有助于培养支持"一带一路"倡议的人才基础。

短期利益和特殊待遇不是解决中国教育不平衡的方法。相反，我们应该缩小中外差别，让留学生通过更深地融入中国、建立持久的友谊和获得发展机会，真正在中国安家。

如何鼓励香港青年、人才和创新资源在粤港澳大湾区流动[①]

> 本文讨论了香港是如何成为粤港澳大湾区理想的人才中心的，并提出了一些政策建议，这些建议将为年轻人打开大门，使他们在内地工作更容易。

在试图理解和解决香港近年来经历的问题时，我们不应忽视其经济根源。例如，对于香港的一些年轻人来说，对房价和社会流动性的焦虑，导致了他们对未来的不确定感。值得庆幸的是，粤港澳大湾区的发展带来了巨大的机遇。

作为通往内地的门户，香港早已繁荣起来。然而，几十年来，它一直依赖固定的几样支柱产业。粤港澳大湾区规划为香港提供了一个重新定位自身和多元化发展的良机，成为创新和创业的催化剂。

曾被称为"世界工厂"的大湾区正在转向创新驱动型发展。在金融、思想和专业知识流通的推动下，它与东京湾区、纽约大都会区和旧金山湾区等领先城市群有着共同特征。就国内生产总值而言，粤港澳大湾区在2020年达到近1.7万亿美元。

作为连接中国内地与外部世界的桥梁，香港在大湾区扮演着独特的角色。以前，香港是商品和资本流动的地区通道。凭借其在金融服务、科研和

---

① 原载于《南华早报》，2019年8月16日，2023年11月修订。

管理方面的优势，香港成为大湾区理想的人才中心。大湾区还具备现成的市场和产业链条，有助于培育蓬勃发展的香港企业家和初创企业。

要实现这一潜力，需要采取措施促进香港与大湾区其他地区之间的人才和思想交流，这将使香港的年轻人能够受益于"更大的湾区红利"。随着该地区的整体发展，香港年轻人可以在深圳、珠海、东莞等珠三角城市寻求职业发展机会，甚至安家落户。

大湾区规划应将创新和人才放在首位，还应协调粤港澳三地的政策，促进人才互通、资源共享以及科研和创业合作。有效的跨境工作机制将有助于实现这一目标。

基建领域的投资令香港和附近的广东城市更接近"一小时生活圈"的愿景。便捷的交通将促进企业家、学者和年轻毕业生之间的交流，推动更多合作和新业务的发展。

然而，在跨越三个税区、不同货币和法律体系的大湾区，仍然存在阻碍人才流动的行政障碍。要克服这些"软"障碍，还需付出更多努力。

例如，可以试行无纸化计划，允许特定人员在香港和10个邻近城市之间自由往来。面部识别等技术解决方案有助于简化跨境流动。

税收问题阻碍了个人跨境工作。每年在内地逗留超过183天的香港市民必须缴纳中国个人所得税，更紧密的跨境税务合作可以减少其中一些限制。例如，作为更紧密的税制协调和激励措施之一，可以对研究人员和学者实行相互免税。

公共服务的无缝对接也将鼓励跨境人才流动，例如确保香港公民在广东的社会保险、医疗保健和教育方面享有同等待遇。可以通过试点，降低香港居民在湾区其他地区获得社会保险的难度，并能够利用综合保险机制获得跨湾区医疗服务。

专业资格互认有助于金融、法律和会计领域的人才流动。香港行业协会使用的资格认可与国际高标准接轨，可资借鉴。香港居民目前在参加中国专业资格考试等方面面临着一些限制，这些差异应予以消除。

最后，香港和香港人可以利用丰富的教育资源并从中受益。香港是为大湾区培养研究和管理人才的理想之地，也是行政人员教育和跨境研发的枢纽。

香港的世界一流大学可以与深圳的创新生态系统建立更紧密的联系，就像斯坦福大学在硅谷扮演的角色一样。可以建立产学研联盟，更好地利用分散的创新资源。联盟成员可包括企业、研究机构和专业协会。项目成本可由政府和参与单位共同分担，创新成果可用于社会公益事业。

作为一个充满活力、与世界接轨的城市，香港在中国的发展中扮演着特殊的角色。为确保持续繁荣，香港的角色必须与时俱进，使香港居民能够认识到并抓住与内地深度融合的机遇。

人才流动是实现这一未来的关键。香港不仅是通往内地的门户，更应努力成为粤港澳大湾区中心的人才和创新枢纽。这不仅将支持世界领先的创新集群的发展，也将为香港最大的资产——年轻人——提供更光明的选择。

中国正面临世界上最大的旅游赤字，如何弥补缺口[①]

> 尽管中国拥有丰富的自然和文化奇迹，但在吸引外国游客方面却显得力不从心。本文就中国如何通过改进市场营销、入境手续和服务来促进入境旅游提出了建议。

近年来，中国出境旅游增长势头迅猛。在全球疫情颠覆国际旅游业之前

---

① 原载于《南华早报》，2020年1月22日，2023年11月修订。

的 2019 年，中国游客共出境 1.6921 亿人次，同比增长 4.5%。总体而言，中国游客的出境游次数和消费额高于其他任何国家的游客。

相比之下，中国入境旅游的增长就不那么抢眼了。2018 年，外国游客来华总计 3050 万人次。这仅仅是法国当年入境游客人数的三分之一，也略低于日本和泰国的入境游客总数。

中国出境游和入境游之间的巨大差距，使中国在 2018 年出现了 5250 万人次的旅游逆差，同比增长超过 20%。中国是世界上旅游逆差最大的国家。2018 年，中国服务贸易逆差 2580 亿美元，其中旅游逆差占了一大块。

一方面，这种不断扩大的差距是值得庆祝的——这说明有能力出国旅游的中国人越来越多。然而，这也反映出了一个问题：为什么中国拥有如此丰富的自然和文化奇迹，却在吸引外国游客方面依然力不从心？

答案并不简单——影响国际旅游流量的因素有很多。中国现在拥有令人印象深刻的硬件基础设施，包括数十个新机场和高铁网络，可在一天内将游客送达全国大部分目的地。然而，中国的"基础设施软件"却是另一番景象。

全球化智库和携程网在 2020 年进行的一项研究揭示了制约入境旅游增长的一些因素，以及随着全球疫情风险的消退，国际旅游业能够恢复运营后，克服这些制约因素的措施。这些措施包括采用新的方式宣传中国是一个有吸引力的旅游目的地，改善入境手续，以及提升游客抵达后的体验。

首先，可以改进产品开发和品牌推广。尽管中国已在国际舞台上崭露头角，但其许多旅游瑰宝在国外仍相对鲜为人知。可以利用中国丰富的现代和传统文化景观，创造更多有吸引力的旅游产品，让游客领略中国的地域多样性，看到长城和外滩之外的其他景点。

此外，中国还可以抓住机会，迎合日益增长的"体验旅游"需求，例如提供量身定制的产品，让游客通过艺术、烹饪和其他活动与当地人建立联系。

潜在游客一旦选择来中国，下一步就是获得入境许可。调查显示，这是来华旅游要面临的第一大问题，57%的受访者提到了签证问题。常见的抱怨是签证流程冗长、费用高昂和手续复杂[①]。

虽然自 2018 年国家移民管理局成立以来，签证流程有所简化，但仍有改进的空间。例如，国家可以试行和实施电子签证和签证豁免等新措施。此外，过境免签政策目前只在少数城市实行，可以扩大到更多地区。当然，疫情期间疫情和疫苗接种认证等问题使这方面的工作变得更加复杂，这也是该时期中国重新向国际游客开放时必须考虑的问题。

在游客到达中国后，最常提到的问题包括语言、食品安全、空气污染和网络使用等方面。虽然其中许多问题关乎长期发展，不可能一蹴而就，但对于某些问题，有针对性的措施的确可以提升外国游客来中国的旅游体验。

例如，鉴于数字服务在现代旅游业中的重要性，相关机构可以探索如何解决外国游客在电子支付、首选搜索引擎和社交媒体方面所面临的问题。这不仅能提升游客的体验，还能让游客即时向他在国内的亲朋好友展示中国的另一面，从而扩大入境旅游的正面传播效应。

研究还强调，旅游业归根结底是服务业，提高服务质量是改善游客体验的核心。为此，中国应加大对行业从业人员的培训力度，探索培育行业专业化和国际化的途径。

上述措施加上对相关基础设施的持续投资，将大大有助于释放中国旅游业的潜力，缩小旅游赤字。我们有充分的理由这样做。

这不仅能促进地方经济发展，包括中国一些最不发达地区的经济，还能帮助世界上更多的人与中国建立联系，更好地了解中国：在调查中，高达

[①] 截至 2024 年 5 月 10 日，中国已同 157 个国家缔结了涵盖不同护照的互免签证协定，同 44 个国家达成简化签证手续协定或安排，同 23 个国家实现全面互免签证安排。此外，还有 60 多个国家和地区给予中国公民免签或落地签待遇。——译者注

82%的游客表示,实地旅行彻底改变了他们对中国的印象。

在这个对中国的误解较大的时代,一旦国际旅游再次开放,我们应该努力吸引更多游客来到中国,向世界上更多的人展示这片充满传奇色彩的土地。

建设全球人才中心,助力中国未来发展[①]

中国在培养、吸引和留住全球高素质人才方面取得了重大进展。但是,中国还可以做更多工作来提高本国的人力资本存量,这将在持续的现代化进程中发挥至关重要的作用。

2021年9月27日至28日,中央人才工作会议在北京召开。中国国家主席习近平在会上发表讲话,明确了新时代人才工作的方针目标、重点任务和政策举措,标志着中国人才发展进入了新篇章。

世界正在发生巨变,唯有深化改革、扩大开放才能适应变化。在新的发展阶段,加快打造全球人才创新中心,对于推动中国发展具有重要意义。

人才是国家实力的重要组成部分,当前中国的人力资本结构正在从数量型向人才质量型转变。

我参与了《国家中长期人才发展规划纲要(2010—2020年)》的起草工作,这是2010年颁布的第一个中长期人才发展规划纲要。近年来,中国人才发展不断取得新进展。

根据国务院和教育部数据,2020年,我国技能劳动者数量超过2亿人,

---

① 原载于CGTN网站,2021年10月1日,2023年11月修订。

其中高技能人才超过5000万人。2020年，中国各类高等教育在校生总数达到4183万人。

人才创新与中国的快速发展相辅相成。中国已逐渐成为全球人才创新创业的沃土。1978—2019年，我国出国留学人员总数达到650多万人，学成后选择回国的约有420万人，占已完成学业群体的86.28%。

根据《2020年全球创新指数》排名，中国的全球排名已从2015年的第29位迅速上升至第14位。在研发人员总数方面，中国已连续8年位居世界第一。国际专利申请量已超过6.8万件，位居世界第一。

要实现在2035年基本实现现代化、2050年全面建成社会主义现代化强国的长远目标，夯实坚实的人力资本基础是重中之重。

我们要吸引全球人才，而实现这一目标有两个途径。首先，我们应该欢迎更多的中国海归在国内发展。出国留学的中国学生接受国际化的优质教育，培养了全球视野，增强了国际竞争力。这些经历使这些学生更加熟悉全球规则，增强了他们的全球网络、跨文化适应能力和语言技能，使他们能够很好地适应现代全球化经济的需要。

在中国不断融入全球经济、在全球治理中发挥越来越大的作用的同时，这些归国学生也可以为中国参与多边论坛做出贡献、帮助中国企业"走出去"以及与来华投资的跨国企业合作。

其次，中国希望吸引更多国际人才来华。一些官员曾在讲话中提到，中国欢迎高素质国际人才来华为创新和发展做出贡献。为实现这一目标，中国采取了各种措施。

例如，高层次人才绿卡计划的推出，极大促进了从世界各地引进外国高层次人才的进程。在上海率先试点的基于市场原则的永久居留申请认定标准也取得了一定成功。

此外，我国还降低了海外华人申请永久居留权的门槛。允许华人博士直接申请永久居留权的国家政策很大程度上激励并吸引了高素质人才来华发展。

同样重要的是，允许本科及以上学历的外国留学生毕业后直接来华创业。这种有条件的放宽，可以加强我国高素质青年人才的储备，克服留学生培养与人才留存之间的脱节，为引进发展所需的国际化人才形成有力支持。

北京、上海、粤港澳大湾区在人才发展体制机制改革方面可以有更多创新。这些地区的人才发展经验可以在更多城市推广，加快建设全球人才中心和创新枢纽。此外，还可以出台更具国际竞争力的政策，提高人才管理和服务的专业化能力。

过去40年，中国的国际化人才队伍帮助世界进入中国，也帮助中国走向世界。下一个40年，全球人才将帮助世界了解中国，反之亦然。

第二部分
中国在多极化世界中的崛起

中国国内的改革开放进程,包括本书第一部分所讨论的政策和发展,为中国在国际舞台上的重新崛起奠定了基础。随着全球足迹的不断扩大,中国面临着新的挑战和责任,需要深化与世界其他国家的交往。

与此同时,中国崛起的大背景是地缘政治和全球经济在发生变化。这些变化是理解中国在世界上所扮演角色的重要背景。本书第二部分将重点转向中国的外部环境,以及中国在经济、政治和其他领域日益增长的影响力是如何影响外部环境的,外部环境又对中国产生了怎样的影响。

第四章
对变化中的国际秩序的思考

本书的第二部分和第三部分分别探讨了中国在世界舞台上的崛起及其在全球治理中的作用,为了给这两部分做好铺垫,本章特选三篇文章,对不断变化的国际秩序及其未来的发展方向进行了广泛的思考和探讨。

我们所处的时代风云变幻,世界正在经历百年以来从未有过的深刻变化。正如下文将详细讨论的那样,这些变化中有许多是长期结构性趋势的结果,而新冠疫情的大流行则加速了这些趋势的发展,例如多极化和国际相互依存度的增强、全球经济的数字化以及地缘经济重要性的增长。

更加多极化的世界

当前最重要的趋势之一是,我们生活在一个日益多极化的世界。在20世纪,全球化和全球治理主要是由以美国为首的相对小范围的国家集团建构的。然而,长期的结构性趋势,特别是发展中国家的崛起,意味着在后疫情时代,没有任何一个大国能够独自主导全球规范和规则。亚洲也许是这一转变最突出的例子,疫情后的复苏轨迹很可能会加强这一趋势。

权力的逐渐分散不仅发生在国家之间。从跨国公司、慈善家到民间团体和恐怖主义网络,非国家行为者在全球事务中扮演着越来越重要的角色,他们既有能力制造国际问题,也有能力解决这些问题。虽然在疫情初期,国家似乎再次证明了它的重要性,因为只有国家才有权力采取重大措施,如关闭边境和实施封锁，但在疫情后期，非国家行为者的重要性凸显出来。由研究机构、企业和基金会组成的跨国网络在疫苗研发和分发方面发挥了至关重要的作用。科技公司发明的工具则在疫情期间对遏制疫情传播和适应疫情环境方面发挥了至关重要的作用，相应的，它们的财富也随之飙升。目前，美国五大科技巨头的总市值约为7万亿美元，超过了除中国和美国以外所有国家的国内生产总值。

更加相互依存的世界

我们所处的世界在下一阶段值得关注的特征是，相互依存度日益上升。在全球化和漫长的跨国供应链日益受到质疑的时候，讨论相互依存度的提高可能会让一些人感到惊讶。然而，如今各个国家的命运比人类历史上任何时刻都更加紧密地交织在一起，而且这种情况只会日益加剧。

国际相互依存度上升源于两个相互关联的因素。首先是人员、货物、资本、思想和数据的跨境流动，这种流动比以往任何时候都更加广泛和深入。这些流动通过全球供应链、文化流动和全球金融将不同国家的利益联系在一起。虽然货物和人员流动在疫情期间遭受了严重破坏，但全球贸易的恢复速度超过了预期，打消了人们对新冠疫情将成为全球供应链丧钟的猜测。目前，国际旅行已经放开，与此同时，数据等其他因素的跨境流动也在加速，下文将对此进行讨论。

密集的跨境联系促进了新冠病毒在全球的迅速传播，这令我们想到促进相互依存的另一个因素：跨国挑战的泛滥。在21世纪，人类面临的最严重的生存威胁——如气候变化、传染病和核武器——有一个重要的共同点：它们不分国界，只能通过全球各国合作来努力解决。

更加数字化的世界

在全球互联日益紧密这一方面，或许最明显的表现是跨国数据流动增加和全球数字经济崛起。正如石油在 20 世纪为商业和贸易开辟了新的可能性一样，数据已成为 21 世纪全球增长的命脉。数字服务贸易正在蓬勃发展，数据流动日益成为实物贸易的基础，支持着复杂的全球价值链和新兴技术（如区块链、人工智能和物联网）。

新冠疫情加速了数字化进程。2020 年，随着工作、娱乐和教育向线上转移，数据流量激增。美国电信调研公司 TeleGeography 的数据显示，从 2019 年年中到 2020 年年中，国际互联网流量激增了 48%。一项研究发现，2020 年第二季度跨境电子商务的非必需消费品销售额激增了 53%。许多企业和组织不得不在疫情中采用数字化模式，我创立的智库也转而采用虚拟活动形式，这使地球上任何地方的人们都能参与或观看。

地缘经济时代

第四个将重塑后疫情时代的"大趋势"是"地缘经济"的影响日益显著，即利用经济工具推进实现地缘政治目标。

经济合作一直是国际体系的压舱石。全球性机制保证了国际合作与繁荣的良性循环，为遵守规则和避免国家之间的对抗提供了强有力的支撑。然而，在当今时代，经济关系出现越来越多摩擦，对国际合作和全球治理造成破坏。制裁手段用得越来越多，围绕战略技术的斗争在国际关系中愈演愈烈。各国将全球网络武器化的意愿越来越强，以便获取资金或关键性投入，从而实现自身的战略目标。

甚至在疫情对全球经济再次造成打击之前，经济治国方略的兴起就已经给全球经济蒙上了一层阴影。新冠疫情使得将生产线"迁回本国"的呼声越来越大，一些国家的政府正在进行干预，以使供应链回归本土，就连疫苗和关键医疗设备的分发也被卷入政治斗争之中。

驳斥"中国威胁论"

不幸的是，除了上述四个"大趋势"之外，全球疫情的另一个影响是加剧了国际紧张局势和对中国在世界上的角色的误解。

2019年5月，我在多伦多参加了一场公开辩论，辩论的主题是"中国是否对国际自由秩序构成威胁"。这个问题抓住了西方普遍存在的一种误导性叙事，即认为中国的崛起会对世界产生负面影响。本章的第一篇文章《我们应关注真正的威胁，而不是虚幻的威胁》力图驳斥这种"中国威胁论"，呼吁以实证的方式研究中国在当今世界扮演的不同角色，避免陷入将世界划分为"我们"与"他们"的简单陷阱。

从许多方面来看，"中国威胁论"等观点和其他对"其他国家崛起"的焦虑，仅仅反映了影响深远的权力转移如何削弱了西方将其意志强加于世界和塑造全球事务的能力。本章第二篇文章《超越"西方缺失"：为未来十年建立更加包容的秩序》一文包含了对2020年2月举行的慕尼黑安全会议的思考，我参加了这次在疫情席卷全球之前举行的最后一次大型国际会议。文章探讨了重塑全球事务的一些结构性变化，并指出排斥其他人类文明的"西方"概念不仅在经验上是可疑的，在分析视角上也是危险的。尤其是在冷战结束后，用来支撑东西方二元对立的政治、经济和文化理由已被全球化、发展和地缘政治变化所削弱。

本章的最后一篇文章于2020年6月发表，当时新冠疫情的大流行搅得世界天翻地覆。《新冠疫情将如何加强塑造国际秩序的趋势》一文是对后疫情世界的早期展望。它预测了这篇章节引言中涉及的一些观点，表明新冠疫情可能会使影响地缘政治和世界经济的关键趋势加速形成，如日益增强的多极化、"多速全球化"和全球治理的压力，而不是从根本上改变或扭转这些趋势。

第二部分
中国在多极化世界中的崛起

我们应关注真正的威胁，而不是虚幻的威胁[1]

在多伦多的芒克辩论上重新塑造中国崛起的故事。

我们通过故事了解世界。故事可以弥合文化鸿沟，将我们与他人联系在一起。同样，故事也可以产生误导和分裂。

2019年5月在加拿大多伦多举行的芒克辩论会上，我在3000名观众面前就"中国是否对国际自由秩序构成威胁"进行辩论，这是澄清一些关于中国的迷思的一次机会。芒克辩论会是由世界上最大的金矿公司创始人彼得·芒克（Peter Munk）和加拿大作家兼电视播音员鲁德亚德·格里菲思（Rudyard Griffiths）共同创办的，旨在召集各个领域中拥有专业知识的公众人物就不同的话题展开辩论。

与我一同反驳"中国威胁论"的是新加坡前外交官马凯硕（Kishore Mahbubani）。我们的辩论对手是美国前国家安全顾问麦克马斯特（H. R. McMaster）和华盛顿智库哈德逊研究所中国战略中心美方主任白邦瑞（Michael Pillsbury）。在辩论中，我呼吁听众看清事实，审视中国在当今世界所扮演的三个角色。

首先，中国是国际秩序的主要受益者之一。加入世贸组织、国际货币基金组织和世界银行等国际机构帮助中国实现了迅速发展，中国在40年内使大约8亿人摆脱了贫困。

其次，中国是联合国第二大捐助国。此外，自2012年以来，中国派出的维和部队数量超过了联合国安理会其他4个常任理事国的总和。

最后，中国是100多个国家的最大贸易伙伴，这为外国出口商和投资者

---

[1] 原载于《中国日报》，2019年5月23日，2023年11月修订。

创造了大量机会，并通过出境旅游每年为当地经济贡献超过1200亿美元。

在气候变化问题上，中国协助达成了全球共识，并签署了《巴黎气候协定》并做出承诺。与此相反，美国却推卸环境责任，退出该协议。中国提出了促进全球化和发展的新倡议，受到全球发展中国家和发达国家的欢迎。自2013年"一带一路"倡议提出以来，截至2023年10月，共有152个国家签署了相关协议。2023年5月24日，我国外交部发言人毛宁表示，截至目前，"一带一路"倡议已吸引全球超过四分之三的国家参与，为共建国家创造42万个工作岗位。世界银行2018年研究数据显示，"一带一路"倡议使沿线经济体的贸易成本降低了2.8%。

"中国威胁论"忽视了中国在为国际社会提供巨大机遇的同时，为国际秩序做出的贡献。"中国威胁论"未能捕捉到全球社会相互联系的深刻本质，即全球社会通过人、货物、资本和思想的流动紧密联系在一起。

在全球化世界中，对全球和平与繁荣的真正威胁是跨国突发情况。例如，与环境有关的风险、快速的技术颠覆和疾病。为了应对这些挑战，我们必须摒弃虚假的叙事，创造新的故事，来促进实现共同的目标与合作。我们应该给予不同的文化和文明共存与合作的空间。

改变不会一蹴而就，但透明和公开的辩论会有所帮助。展望未来，我希望我们构建的关于世界的故事是基于事实的，而非恐惧。我们应该关注此刻面临的真正威胁，而不是虚幻的"中国威胁"。

超越"西方缺失":为未来十年建立更加包容的秩序[①]

关于2020年慕尼黑安全会议的思考。

西方正在经历自我反思,重新考虑自己在世界上的立场。这是2020年2月举行的年度慕尼黑安全会议给人最深刻的印象,该会议被称为外交政策制定者和外交官的达沃斯论坛。

会议主席沃尔夫冈·伊申格尔(Wolfgang Ischinger)以"西方缺失"(Westlessness)为主题开场,他指出,西方世界本身正在变得不再那么西方,整个世界也正在变得不再那么西化。

在某种程度上,我们不难看出是什么助长了这种不确定性,这种不确定性已经渗透到国际社会。影响深远的权力转移相对削弱了西方将其意志强加给世界和塑造全球治理的能力。

西方内部的分歧本身就是西方缺失的另一个原因。随着民族主义和民粹主义的重新抬头,以及特朗普总统领导下的美国实行"美国优先"政策,分歧变得越来越明显,尤其是在大西洋两岸。

因此,在2020年的会议上,时任美国国务卿迈克·蓬佩奥宣布"西方正在获胜",但法国总统埃马纽埃尔·马克龙指出了西方的弱点,并认为欧洲应该制定自己的外交政策,且与美国有别。

这两个因素,即其他国家的崛起和跨大西洋联盟的破裂,都助长了西方的缺失感。但也许更深层次的原因不是西方的相对衰落,而是西方的概念本身已经与我们生活的时代脱节,需要更新为更具包容性的概念。

尽管"西方"的含义随着时间的推移而改变,但它总是与其他事物形成

[①] 原载于《环球时报》英文版,2020年2月18日,2023年11月修订。

对比。

然而，自冷战结束以来，用来证明东西方二元对立的政治、经济和文化理由一个接一个地被全球化、发展和地缘政治变化削弱。

把复杂的世界简单地分成"我们"和"他们"可能很有诱惑力，但是将人类其他部分排除在外的西方概念不仅在经验上是可疑的，在分析视角上也是危险的。

从简单的二元视角看待一个相互关联的世界可能会掩盖这样一个现实：最严重的威胁是跨国性的，不分东西南北。无论是气候变化、国际恐怖主义还是全球疫情的威胁，这些事件都清楚地表明，要应对最紧迫的挑战只能通过合作，而不是将世界划分为不同的区域。

在一个日益多极化的世界中，领导者们需要寻求一个更具包容性的秩序。这意味着接受实行不同发展模式的国家的崛起，比如占全球增长超过30%的中国。

作为联合国第二大财政捐助国和《巴黎气候协定》的签署国，中国愿意并有能力在应对全球挑战方面发挥重要作用。

这就是全球主要参与者的决策者参加慕尼黑安全会议这类活动的意义所在。在建立更具包容性的新秩序和帮助我们认识世界的新叙事的过程中，他们可以发挥重要的调解人或平台作用。

例如，2020年会议上提出的一个构想是中欧美三边关系，其中一个更加独立和积极的欧盟将在平衡美国和中国的关系以及促进全球合作方面发挥更大的作用。

西方主导的旧国际秩序已面临越来越大的压力，但各国领导人不应该因为世界正在变得越来越"去西方化"而失眠。西方仍有许多贡献。但是，与其试图维护昨天的世界秩序，不如我们所有人都应该放眼未来，为将来打造一个更具包容性的世界秩序。

第二部分
中国在多极化世界中的崛起

新冠疫情将如何加强塑造国际秩序的趋势[①]

这篇文章是在新冠疫情暴发几个月后撰写的,展望了后疫情世界的主要特征:日益多极化、"多速全球化"和全球治理的持续紧张。

新冠病毒改变了我们的世界。疫情夺去了无数人的生命,造成了难以估量的损失。它还从多个角度影响了国家之间的关系,使其变得更糟。这些重大事件让许多人开始思考疫情对国际秩序的未来意味着什么。简要来说,现在评估其全部影响还为时过早。从各个地区实现群体免疫的时间表到最终的经济后果,以及病毒继续出现变体和新的传染浪潮的可能性等方面来看,疫情的许多长期影响仍是未知数。

考虑到这些警示,根据我们目前所看到的情况,疫情很可能会使目前影响地缘政治和世界经济的主要趋势加速发展,而不是从根本上改变或扭转这些趋势。首先,疫情后的世界可能会变得更加多极化,因为不同的复苏路径会加强全球经济中的长期变化。其次,全球化的不同方面如经济或生态、物理或数字,将遵循不同的轨迹,对不同国家和部门产生不同的影响。最后,新冠疫情危机暴露了全球治理需要加强,以应对我们面临的日益严重的跨国威胁。

这篇工作论文探讨了这些趋势及其对国际秩序的未来影响,特别是作为多边秩序三大关键支柱之一的中国(另外两个支柱是欧盟与美国)在全球中的作用。本文还概述了中国和欧盟携手建设一个更具包容性、更可持续和更具韧性的后疫情世界可采取的方式。

---

① 本文为安全政策研究所(ISP)2020年7月约稿,2023年11月修订。

趋势一：多极化加剧

新冠疫情的一个影响将是强化多极化趋势，这一点在过去 20 年中日益显著。冷战结束后，由于美国保有唯一的超级大国地位，世界经历了所谓的"单极时刻"。但随着新兴经济体，尤其是亚洲新兴经济体的崛起，它们的影响力日渐增长，世界经济重心从西方向东方转移。

疫情后的复苏轨迹可能会进一步加剧这种变化，各国之间存在显著差异，但总体而言，与欧洲和美国相比，亚洲国家遭受的损失较小，而且更早走出了疫情的阴影。

在财富增长的同时，亚洲一体化程度也更趋深化。现在，中国与东盟的贸易额超过了美国。该地区也正在凝聚成一股全球治理的建设性力量，成为新多边倡议的中心。这体现在 CPTPP 和 RCEP 等新贸易协定中，以及亚投行等新机构上。在这些机构的支持下，更深层次的区域一体化将在亚洲从新冠疫情中复苏的过程中发挥作用。

中国是亚洲崛起的核心，并将继续在后疫情世界发挥日益重要的国际作用。多年来，中国一直是全球经济增长的主要引擎。到目前为止，还没有迹象表明这种情况会在疫情之后发生改变，但中国在全球经济中所扮演的角色的性质将随着国内经济的再平衡而发生变化。过去几十年来，中国的出口一直是世界贸易不可或缺的推动力。展望未来，中国的消费和进口将发挥越来越大的作用。在后疫情世界，中国、欧盟和美国将继续作为最大的经济体和全球治理中最重要的参与者发挥作用，多边秩序中这三大支柱之间的互动，对于我们应对共同的全球挑战至关重要。

趋势二：多速全球化

2020 年，人们常说新冠疫情标志着"全球化高峰期"的结束。全球化在广义上是指不同国家和地区之间的相互联系，它是由交通和通信的进步所推动的，而且这种联系不可能停止。但近年来，反全球化情绪高涨，商品、资本和人员的跨境流动受到抵制，这主要发生在工业化国家。

新冠疫情可能会加强上述一些趋势。然而，与其对单一的全球化进程的命运一概而论，不如对其不同的组成部分进行细分。新冠疫情将减缓全球化进程中的许多因素，但也会加速其他因素，从而形成"多速全球化"。

例如，在短期内，新冠疫情对人员和货物的跨国流动造成了很大影响。但资金和数据等其他因素的流动受到的直接影响较小。

在疫情初期，工厂和边境关闭，需求和贸易融资萎缩，导致贸易崩溃。服务贸易，包括旅游和海外留学，也受到持续的限制和需求疲软导致的严重影响。从长远来看，新冠疫情将促使更多政府和企业重新审视全球供应链，从而降低它们在下一次重大冲击中面临的风险。

甚至在疫情暴发之前，民粹主义和日益高涨的保护主义就已经令一些人质疑开放边境和漫长的多环节供应链是否明智。新冠疫情，尤其是它对中美关系的负面影响，可能会加重人们对脱钩的担忧，并引发一定程度的"产业链回流"。但总体而言，这种影响可能是有限的，而且仅限于某些行业。更多的制造商将考虑通过"中国+1"战略来实现多元化，即在另一个亚洲国家开展业务来作为在中国开展核心业务的后备补充。然而，由于长期的结构性趋势——包括中国业务成本的上升和该地区其他经济体的崛起，这些调整早就开始了。

总体而言，新冠疫情不太可能从根本上改变中国在全球价值链中的关键作用。事实上，当其他国家仍在遭受疫情影响时，中国较早的复工已增加了其在全球网络中的重要性。展望未来，在经济存在巨大不确定性的时期，一些公司不会愿意开展重新配置供应链所需的重大投资。此外，中国在全球价值链中发挥核心作用的基本经济原理并未改变，这包括中国巨大的市场及其在成本、人才和基础设施方面的比较优势。

新冠疫情对实体流动的影响是短期的，但它意味着全球化将更多以数字为媒介实现。过去几个月里，我们都习惯了通过云平台进行互动，如视频会议和各种数字协作工具。商务会议、学术会议和治理工作都已实现在线化。即使在世界再次开放后，这些行为中的一些仍具有黏性。近年来快速增长的跨境电子商务在疫情期间变得更加重要，因为越来越多的人上网购物、娱乐和使用医疗保健服务。

虽然新冠疫情将削弱经济全球化的某些方面，但疫情表明"生态全球化"只会越来越强化。生态全球化是指在气候变化、海洋污染和大流行病等物理或生物过程中造成的相互依存关系。随着气候变化和环境退化，环境冲击正在越来越频繁地波及全球。生态全球化的过程和风险以多种方式相互关联。例如，气候变化会影响自然栖息地，使不同物种与人类更密切地接触，从而增加人畜共患病传播的可能性，进而增加大流行病的风险。无论经济一体化的各种载体发生了什么变化，生态全球化日益严重的影响意味着不同国家的命运早已深深地交织在一起。

总之，多速全球化描述了这样一个世界，在这个世界里，人员和货物的流动一度受到限制，而通过数字网络和生态的联系却变得越来越重要。这对国际秩序有着广泛的影响。它将影响全球权力分配，因为各国的比较优势和经济结构不同，受到的影响也不同。例如，随着全球化的放缓和石油价格的下跌，化石燃料生产国将遭受损失；相反，拥有强大技术部门的国家将从中受益。与新冠疫情的许多影响一样，这反映了长期趋势——气候变化和数字经济崛起对传统能源生产国造成压力。同时，生态全球化的重要性日益凸显，这也提高了全球合作的重要性。

趋势三：全球治理压力凸显

疫情令多年来日益明显的问题更加凸显：20世纪的全球治理机构正在努

力发挥其曾经的效力。

尽管世界卫生组织（WHO）和二十国集团做出了努力，但总体而言，全球对新冠疫情的协调应对一直很薄弱。国际组织缺乏资源和权力来领导有效的应对举措和支持脆弱的国家。各国单方面颁布了各种控制措施，杂乱无章的应对削弱了效力，加剧了不和。

我们亟须加强和改革全球治理，使其能够应对大流行病的影响以及气候变化等其他跨国威胁。多年来，多边主义改革一直停滞不前。尽管新冠疫情的暴发凸显了改革的必要性，但它也营造了一种似乎更难达成共识的氛围。我们已经看到，社会和经济压力是如何影响国家间的关系，阻碍全球合作的。因应对疫情不力而受到抨击的政治家可能会试图指责其他国家。我们已经看到，焦虑和不稳定会加剧仇外心理、民粹主义和反全球化情绪。

值得注意的是，疫情所强化的全球化形式，如数字化和生态全球化，也是发生在相对欠缺全球性机构的领域。例如，电子商务在跨境经济活动中所占的份额越来越大，但却缺乏在全球层面促进合作与监管的新机制。此外，气候变化与大流行病等其他跨国威胁也是相互关联的，我们也迫切需要加强气候变化方面的国际治理。

这些紧张局势和治理缺位凸显了加强全球合作和构建更强有力的多边机构来应对共同挑战的必要性，也说明了在疫情肆虐的情况下达成全球共识的困难。

未来：冲突还是合作

上述三种趋势——多极化、多速全球化和全球治理的压力，对国际秩序产生了相互抵消的压力。

一方面，大流行病本应成为一种凝聚力。它以致命的方式提醒我们，所有国家的命运是如何深深交织在一起的。在一个多极世界中，最大的威胁是跨国性的，因此各国有强烈的动机携手合作，应对共同的挑战。

另一方面，新冠疫情显然加剧了重塑国际秩序的离心力。一些国家表现出与国际社会保持"社交距离"的倾向，他们不但不合作，还破坏了全球机构，试图独自解决问题。

世界各国领导人需要在这两条前路之间做出选择。随着世界努力从疫情中恢复，中国将在这场讨论中发挥关键作用。疫情过后，中国面临着重大挑战，国内健康风险持续存在，经济发展放缓；国外，尤其是美国，对中国抱有强烈的负面情绪。在疫情造成的紧张局势下，双方言辞激烈，但这并没有改变中国在世界上的基本立场。

中国从国际秩序中受益匪浅，并认识到其面临的最大挑战是全球性的，任何国家都无法独自解决，中国的长期全球战略正是立足于这一现实。

结论

新冠疫情将对全球经济和国家间秩序产生深远的影响，而我们对这一影响的认识才刚刚开始。在许多方面，这一影响将强化我们世界的现有趋势，如多极化、多速全球化，以及加强全球治理以应对我们面临的共同挑战的必要性。

疫情激化了一些大国之间的紧张关系，可能会阻碍全球合作。但更重要的是，它表明了我们的地球村的相互依存度是多么高。除非我们想与世隔绝，否则在所有国家都安全之前，没有一个国家是绝对安全的。中国和欧盟有着深厚的经济联系，都支持开放、多边的秩序，对它们来说，携手合作的必要性更加强烈。我们将在复苏的道路上并肩而行。

第五章
风云激荡中的中国外交

本章的三篇文章概述了在本书文章写作时期中国的外交和对外优先事项。之后,第二部分的其余三个章节分别介绍了中国与美国、亚洲和欧洲的关系。

1949年中华人民共和国成立之初,中国的外交使团刚刚起步,许多国家和全球性机构都不了解中国。如今,中国的国际足迹不断扩大,在世界各地开展外交活动的需求也随之增加。中国与世界各国建立了联系,在许多国际组织中发挥着主导作用。2019年是一个具有里程碑意义的年份。根据洛伊国际政策研究所发布的2019全球外交指数(Lowy Institute Global Diplomacy Index),中国的驻外机构增加到276个,成为全球最大的外交网络。

随着中国经济的发展和全球足迹的扩大,世界其他国家也在学习和适应中国和其他新兴大国在世界舞台上日益增长的影响力。中国也在定义自己在世界上的角色,并改进与其他国家的互动方式。在这一过程中,中国正在制定自己的国际关系方针,并开发自己的外交工具包,来与其他国家接触并确保自己的海外利益。这包括更多地利用首脑外交,还包括创建新的平台,如2017年首次举办的"一带一路"国际合作高峰论坛。

近年来,在中国扩大政府间外交的同时,中国的非政府实体也增加了海外接触,作为二轨外交的一部分,发挥了有益的作用。例如,全球化智库参加了博鳌亚洲论坛、慕尼黑安全会议、世界经济论坛年会、巴黎和平论坛和彭博新经济论坛等高规格的活动。全球化智库利用这些平台讲述中国故事，提出政策建议，并与海外同行建立联系，显示出中国智库在国际上发挥着日益重要的作用。

本章第一篇文章为《充满挑战的时代，富有创新的努力——2018年中国外交亮点》。文章介绍了在全球处于多事之秋的这一年里，中国如何继续拓展其外交范围，其中值得注意的是与日本和印度关系的改善，以及中美双边关系面对的持续挑战。另一个亮点是中国举办了不少于4次大型国际活动：博鳌亚洲论坛年会、上海合作组织（SCO）峰会、中非合作论坛（FOCAC）峰会和中国国际进口博览会。

本章的第二篇文章是《构建人类命运共同体——2019年中国外交亮点》。2019年是中华人民共和国成立70周年，也是中国外交官忙碌的一年。欧盟是2019年外联工作的重中之重，习主席的欧洲之行预示着一系列重要的贸易协定和合作协议的达成，包括意大利成为第一个签署"一带一路"倡议的"七国集团"国家。与此同时，中国与东亚邻国的关系也保持了良好的发展势头。6月有两个"首次"：第一个"首次"是指习近平就任国家主席后首次出访朝鲜和日本；第二个"首次"是指习主席出席在大阪举行的"二十国集团"会议，领导人达成了消除海洋塑料污染的协议，取得了令人鼓舞的进展。在贸易关系紧张和其他问题陷入僵局的情况下，这一突破有助于表明环境保护可以为新的多边解决方案提供共同合作的基础。

本章的第三篇文章是《后疫情世界中国的外交亮点》。这篇文章着眼于2020年后中国国际外联方面的优先事务，这将以"十四五"规划（2021—2025年）的开始和疫情后全球渐进式重建和复苏为特色。文章指出，随着RCEP等新的贸易协定推动亚洲一体化进程，加强与中国邻国的联系将成为一个关键点。欧洲和非洲也将继续成为中国外交的热点。

近年来，随着中国经济的持续增长，中国在国际舞台上扮演着更加重要的角色，并取得了减贫和有效防控新冠疫情等重大成就。然而，这些成就与国家的海外形象之间仍存在着不匹配的问题。本章的最后一篇文章《在全球舞台上塑造新的中国叙事》着眼于创造性外交的重要性，试图寻找新的叙事方式来克服这种"话语赤字"。

充满挑战的时代，富有创新的努力——2018年中国外交亮点[①]

2018年，峰会外交在中国的外交中占有更高的重要性，这是因为中国希望稳定与美国的关系，并与亚洲邻国建立更紧密的关系，促进与"一带一路"共建国家的合作。

对中国而言，2018年是继续构建以相互尊重、公平正义、合作共赢为三大核心理念的新型国际关系的一年，其长远愿景是构建人类共享未来的命运共同体。

21世纪的世界是一个更加多极化，人员、货物、资本和信息跨境流动程度更高的世界。这是一个更加开放的世界，参与世界事务的角色阵容比以往任何时候都更加庞大、复杂，各个角色之间的关系也更加紧密。这也是一个技术飞速进步和全球化正在模糊国界、颠覆传统观念的世界。新兴市场和发展中国家的崛起正在重构权力平衡，而过去半个世纪的国际秩序越来越难以适应新的现实。

在这种不断变化的形势下，世界其他国家正在学习和适应中国和其他新兴大国日益增长的国际影响力。中国也在定义自己在世界上的角色，并改进

---

① 原载于《北京周报》，2018年12月20日，2023年11月修订。

与其他国家的互动方式。

在这一角色中，中国将制定自己的国际关系方针。2018年，中国继续发展其外交事业，在利用传统方式的同时也发展出新的机制来促进相互理解。

纵观全年，中国的外交工具包突出了六大主题：峰会外交的核心作用、中美关系、与邻国关系的突破、"一带一路"沿线合作、保护海外利益，以及改革和创新全球治理体系。

峰会外交的核心作用

近年来，峰会外交一直是中国外交的核心支柱之一，2018年，高层峰会比以往任何时候都更加重要。

在最近举行的二十国集团布宜诺斯艾利斯峰会上，峰会外交的作用十分显著。除了探讨应对全球挑战的共同解决方案，这次聚会还成为防止中美贸易争端失控的重要机会。令全世界感到欣慰的是，中美在多领域达成了协议，开始努力解决经济关系方面的分歧。

在支持二十国集团等现有机制的同时，中国还牵头创建和加强促进自由贸易和国际合作的新平台。2018年，中国举办了四次此类国际活动：博鳌亚洲论坛年会、上海合作组织峰会、中非合作论坛峰会和中国国际进口博览会。

在2018年4月的博鳌论坛上，中国向世界发出了明确的信号：中国将继续开放经济，推动全球化，承诺扩大市场准入，改善外商投资营商环境，促进进口增长。这是在保护主义浪潮席卷全球之际对全球化的坚定支持。

6月，沿海城市青岛主办了2018年上海合作组织峰会。上海合作组织成立于2001年，出于区域安全考虑，其议程已经扩大到经济和环境等其他合作领域。2018年的峰会意义重大，印度和巴基斯坦作为新的正式成员出席了峰会。由八个成员国组成的上海合作组织目前覆盖近一半的世界人口、全球五分之一以上的国内生产总值。这些活动体现了中国为搭建平台和广泛吸引世界各地的合作伙伴所做的努力。

2018年11月举行的首届中国国际进口博览会强化了这一主题。中国国际进口博览会不仅仅是一个贸易博览会，它还是中国发展演变及其与世界其他国家经济互动的一个里程碑。中国曾因其出口大国的角色而被誉为"世界工厂"，如今，中国的消费市场和进口才是全球经济增长的引擎，预计未来15年，中国将进口价值30万亿美元的商品和10万亿美元的服务。

中美关系

中国和美国是世界上最重要的经济和政治参与者。2018年，两国关系的波折不仅构成了中国对外关系的核心，也是全球事务的焦点。随着贸易争端的加剧，稳定中美关系一直是中国外交的重要目标。

二十国集团峰会后两国首脑的会晤避免了关税战的进一步升级，使双方重回谈判桌。有鉴于此，2018年11月在北京举行的第二届中美外交与安全对话令人鼓舞。这让双方高级外交官和军事官员有机会就有争议的问题进行对话并分享观点。

尽管存在摩擦，但通过更密切的合作，特别是在应对气候变化等跨国挑战方面，两国仍然可以发挥巨大的潜在协同作用。中国参加2018年9月举行的加州全球气候行动峰会这一举动表明，中美两国合作的渠道很多。深化地方层面的合作可能是一个有效途径。

与邻国关系的突破

2018年，为加强本地区间的联系、亚洲内部经济和文化联系创造良性环境的努力，促成了中国与三个邻国关系的突破。

首先，2018年中日两国高层进行了互访。时任总理李克强5月访问日本，时任日本首相安倍晋三10月访问北京，这是近7年来日本领导人首次正式访华。访问期间，亚洲最大的两个经济体的首脑达成了一系列深化经贸关系的协议。

在2017年两国边境摩擦导致紧张局势加剧后，中印关系也出现了积极的转向。印度总理莫迪4月访问中国，与习近平主席举行会谈，建立互信，深化合作。中国和印度是世界上人口最多的两个国家，有着深厚的文化联系和经济互补性。令人鼓舞的是，中印关系正朝着合作更加密切的方向发展。

在中国的支持下，朝鲜半岛核问题也取得了进展。朝鲜与中国、美国和韩国突破性地举行了会谈。这些都是化解半岛紧张局势、为该地区持久和平开辟渠道的重要初步步骤。

"一带一路"沿线合作

"一带一路"倡议自启动以来，中国利用其资本资源和基础设施发展能力，帮助伙伴国改善互联互通、开辟新的增长和繁荣道路，提供了一种新的外交模式。

该倡议得到了越来越多"走出去"的中国企业的支持。根据商务部的数据，2018年上半年，对"一带一路"沿线55个国家的投资同比增长12%。

与此同时，中国在外交层面持续推动这一倡议。继2017年首届"一带一路"国际合作高峰论坛之后，截至2018年，已有100多个国家和地区以及国际组织与中国签署了合作协议，将该倡议的覆盖范围从欧亚大陆扩展到非洲、拉丁美洲和加勒比地区以及南太平洋地区。

2018年9月在北京举行的中非合作论坛峰会汇集了中国和非洲国家领导人，探讨新的合作形式。习近平主席宣布将以政府援助、金融机构和企业投融资等方式向非洲提供600亿美元支持。此次峰会是在习近平当年早些时候出访塞内加尔、卢旺达、南非和毛里求斯的基础上举行的，这是他担任国家主席期间的第四次非洲之行。

2018年，日本逐渐开始对"一带一路"倡议产生好感。在安倍晋三访问北京期间，中日双方启动了讨论在第三方国家开展经济合作项目的机制。参与"一带一路"项目的外国公司和金融机构数量不断增加，这些企业互惠互利，有助于加强中国与世界各地合作伙伴之间的联系。

保护海外利益

在中国对外开放和"一带一路"倡议的推动下，中国公民出境人数和走出去的企业数量不断增长。根据国家统计局的数据，自2013年以来，中国一直是年度出境游客最多的国家。

截至2017年年底，中国累计对外直接投资（OFDI）存量超过1.8万亿美元，世界排名上升至第二位。2017年，中国对欧洲和非洲的投资增幅均超过70%，对"一带一路"共建国家的投资占对外直接投资的12%以上，同比增长31.5%。

这些趋势意味着保护在海外工作、旅行和学习的中国公民的利益成为中国外交和领事部门重要的任务。不断变化的风险地图包括安全威胁和自然危险。2017年，中国外交部和驻外使领馆会同各有关部门，妥善处置领事保护和协助案件约7万起。2018年，面对自然灾害和恐怖主义威胁等诸多不稳定因素，中国为公民撤回国内提供了支持。撤侨是中国外交事务中的重要部分，为保障海外中国公民的安全，2018年，外交部发布了《中华人民共和国领事保护与协助工作条例（草案）》（征求意见稿）。

改革和创新全球治理体系

近年来，多边主义面临越来越大的压力。世界各地反全球化情绪高涨，协助建立当前国际秩序的国家现在正在破坏支撑这一秩序的机构。

当前全球治理赤字的部分原因是多边机构未能改革和适应新的挑战。因此，在支持现有机制的同时，中国的新角色之一就是秉持公平正义的理念推动全球治理体系的改革。

参与这项工作的不仅仅是官方机构。越来越多的社会参与者也在为全球治理改革献计献策，提供动力。这其中包括社会化智库，它们可以帮助在国内外提出和传播各种观点。许多挑战需要新的方法和不同类型组织之间的跨界合作来应对。智库在支持中国构建新型国际关系方面具有得天独厚的优势。

古往今来，许多人认为世界历史舞台上的参与者之间的关系是对立的，是由恐惧和自身利益驱动的。这种观点的支持者通常认为，现代国家的角色是预先确定的，随着权力平衡的变化，它们注定会发生冲突。

为了建立一种新型国际关系，中国决心将自己塑造成为一个更加开放、更加公平的世界的支持者。未来，世界事务可能会出现更多波折。然而，我们也希望，在未来的岁月里，我们将有更多机会建立关系，携手合作，共同书写人类的未来。

构建人类命运共同体——2019 年中国外交亮点[①]

2019 年对中国外交官来说又是忙碌的一年，中国领导人对欧洲和亚洲进行了高级别访问。非政府组织也通过二轨外交发挥了重要作用，开展外联活动并参加慕尼黑安全会议等国际活动。本文回顾了 2019 年中国的重要外交活动。

2019 年是全球事务的多事之秋，这一年也是中华人民共和国成立 70 周年。70 年以来，中国发生了难以想象的变化，它已成为全球经济的主要引擎，

---

① 原载于《北京周报》，2020 年 1 月 21 日，2023 年 11 月修订。

中国公民和企业活跃在世界各地。随着中国经济足迹的扩大，外交接触的需求也在增长。

1949 年新中国成立之初，中国的外交事业刚刚起步，许多国家和全球机构都不了解中国。如今，中国已与世界各地的国家建立了联系，并在国际组织中发挥着主导作用。根据 2019 年洛伊全球外交指数，中国的外交网络已发展到拥有 276 个驻外机构，居世界第一位。

中国从经济全球化和多边主义中受益匪浅。然而，在新的十年里，我们也面临着保护主义和单边主义抬头所带来的前所未有的威胁。气候变化、不平等加剧、技术颠覆等跨国挑战正在世界各地引发动荡和不满情绪。

我们的世界相互联系日益紧密，也更加多极化。合作是应对共同挑战和维持开放型全球经济、造福全人类的唯一途径。2019 年，中国外交正是基于这一现实开展的。

与欧洲和美国的关系

中国国家主席习近平 2019 年的第一次和最后一次出访目的地均是欧洲，这凸显了中国与欧洲大陆双边合作的重要性。

3 月，习近平在欧洲三国之行中会见了法国、意大利、德国和欧盟领导人。此行达成了一系列重要的贸易协定和合作协议，意大利成为第一个签署"一带一路"倡议的七国集团成员国。4 月，时任国务院总理李克强访问欧洲，与欧盟和中东欧 16 国领导人举行会晤。

在大西洋彼岸，中美 40 年外交关系经受住了考验。在谈判人员力争结束破坏性的贸易争端的同时，二轨外交等其他渠道的接触也促进了两国之间的相互理解。例如，5 月，全球化智库代表团访问了美国，与智库以及政界人士和商界人士进行了接触。

与亚洲的关系

如果说欧洲和美国是塑造20世纪的世界的大国代表，那么亚洲将在21世纪的世界舞台上扮演核心角色。随着亚洲的繁荣发展，亚洲一体化程度也在不断提高，这一点体现在2019年中国与亚洲大陆主要参与者的关系不断升温上。

中国与东亚邻国的关系保持着良好的发展势头。2020年6月，习近平就任国家主席后首次出访朝鲜和日本，实现了两个"首次"。中国与韩国的关系也重回正轨，双边高层交往得到恢复，并于12月在中国西南部四川省省会成都举行了中日韩三国领导人会议。

中国继续加强与南亚诸国的关系，习近平于10月访问了尼泊尔和印度。中国和印度是世界上人口最多的两个国家，中印关系注定是21世纪最重要的关系之一。在2018年中印首脑于中国中部城市武汉举行的首次非正式会晤中形成的"武汉精神"的基础上，习近平主席与印度总理纳伦德拉·莫迪在钦奈进行了会晤。习主席和莫迪在武汉会晤期间达成共识后，中印两国推进了各领域的务实合作，为持续合作提供了坚实基础。巴基斯坦和孟加拉国领导人也于2019年访华，这体现了中国在南亚地区建立的广泛联系。

随着《中国-东盟战略伙伴关系2030年愿景》的实施，中国-东盟关系达到了新的高度。11月于泰国曼谷举行的东亚峰会在完成RCEP谈判方面取得了进展，RCEP是东盟10个成员国与亚太地区其他5个主要贸易伙伴——中国、日本、韩国、澳大利亚和新西兰——之间的贸易协定，与会者已于2020年签署这一世界上最大的贸易协定。

峰会外交

峰会外交仍然是2019年中国国际交往的核心。在多边主义面临压力之际，中国利用联合国大会、二十国集团领导人峰会等国际活动，倡导改革和加强全球治理体系。

6月在日本大阪举行的二十国集团峰会取得了令人鼓舞的进展，各国领导人就消除海洋塑料污染达成协议。在贸易紧张局势和其他问题陷入僵局的情况下，这一突破表明，环境保护可以为新的多边解决方案提供共同合作的基础。

由于缺乏共识，通过大型全球性机构取得进展受到阻碍，一些特定的集团和地区平台成为国际合作的重要载体。2019年6月，习近平主席出席了在吉尔吉斯斯坦比什凯克举行的上海合作组织八国集团年度峰会。11月，他与巴西、印度、俄罗斯和南非领导人共同出席了在巴西巴西利亚举行的金砖国家领导人年度峰会。

经济一体化

在贸易武器化、政治似乎主导了许多国家经济政策的时代，中国继续将经济一体化和互惠互利视为持久和平与繁荣的基础。

"一带一路"倡议正是这些努力的旗帜。自2013年提出该倡议以来，中国已与150多个国家和30多个国际组织签署了230多份合作文件。2019年4月，世界各国领导人齐聚北京，参加第二届"一带一路"国际合作高峰论坛。他们为该倡议制定了一个愿景，将其打造为一个开放、绿色和清洁的多边发展项目。

国内方面也是中国努力促进与世界其他国家经济一体化的重要组成部分。2019年，扩大国内市场开放的步伐仍在继续。第二届中国国际进口博览会于11月在上海举行。该活动已成为进一步开放的平台，有助于增加中国进口并使其多样化。

中国加大了推动全球自由贸易的力度。除推动签署《区域与全面经济伙伴关系协定》外，中国还与其他成员一起努力维护和改革世贸组织。

让中国的声音被听到

近年来,中国更加积极地参与和发展政府、产业界和学术界之间的全球对话新平台。当多边主义看起来陷入僵局时,这些论坛为分享观点和探索跨领域、跨国性问题的解决方案提供了有益的补充渠道。

2019年,中国高级官员出席了博鳌亚洲论坛年会、慕尼黑安全会议、世界经济论坛年会、巴黎和平论坛和在北京举行的彭博新经济论坛等全球性会议。全球化智库也参与了这些活动,并在巴黎和平论坛上举办了分论坛。该分论坛为全球治理提出了新的解决方案,凸显了中国智库日益增长的国际作用。

2019年的外交活动反映了在过去70年中新中国在国际上发挥着越来越大的作用。从双边接触、多边机构到二轨渠道,这一年展示了中国的外交工具包如何在不断变化的世界中应对新挑战。

新的十年,世界风云变幻,面临诸多不确定性,中国需要这套工具中的每一部分,努力促进国际合作,帮助建设人类命运共同体。

后疫情世界中国的外交亮点[①]

本文回顾了中国在2021年及以后的对外关系优先事项,包括加强与远近合作伙伴的关系,以及在世界从新冠疫情中复苏之际采取进一步措施,在"一带一路"倡议成功的基础上再接再厉。

虽然疫苗的逐步推广有助于世界走出新冠疫情的阴影,但这次疫情将对

---

① 原载于《北京周报》,2020年11月24日,2023年11月修订。

国际社会产生深远而持久的影响。在前所未有的严峻跨国挑战之下，疫情加剧了经济不确定性和地缘政治摩擦，同时凸显了全球治理的不足。然而，我们正在目睹的前所未有的变化，也为中国的发展和全球一体化带来了机遇。

2020年10月底举行的中国共产党第十九届中央委员会第五次全体会议，让我们初步了解了中国想要塑造一个更加和平与繁荣的疫情后世界的计划。会议为制定第十四个五年规划（2021—2025年）以及2035年远景目标确定了指导方针。虽然五年规划主要关注国内经济和社会发展目标，但这些建议也重申了中国继续对外开放和创造良好外部发展环境的承诺。

要做到这一点，需要在中国周边和更远的地方做出努力，包括新兴国家和工业化国家。这将涉及国际合作的各个领域，包括从外交和促进自由贸易到投资基础设施和加强全球治理。

聚焦亚洲

对外关系中最重要的优先事项是深化与亚洲邻国的关系。在后疫情世界，亚洲的重要性只会有增无减。通过全球价值链、自由贸易协定和"一带一路"倡议，亚洲大陆日益紧密地联系在一起。亚洲开发银行于2020年7月发布的数据显示，目前区域内贸易占亚洲国家外贸总额的58%，高于2000年的45.2%。这种一体化在中国与东南亚国家联盟（东盟）的关系中体现得最为明显，东盟是世界上最具潜力的经济区域之一。2020年，东盟超过欧盟，成为中国最大的贸易伙伴，这也许是一个征兆。

随着东盟10个成员国与中国、日本、韩国、澳大利亚和新西兰签署RCEP，中国与东南亚的联系将进一步加深。RCEP的签署不仅仅是东亚区域合作极具标志性意义的成果，更是多边主义和自由贸易的胜利，在其他地区贸易摩擦和保护主义抬头之际，RCEP将通过削减关税、减少非关税壁垒，成为亚洲一体化的催化剂，并有助于巩固多边主义。

中欧关系

在欧亚大陆的另一端，未来五年，在地缘政治不断变化的情况下，中国与欧盟的关系将变得更加重要。这一时期，欧盟正在重新评估其与中国的关系——双方各自与美国存在分歧。在一个日益多极化、美国挑起的贸易摩擦日益加剧的世界里，欧盟可以发挥重要的调解作用。

当务之急是及时批准《中欧投资全面协定》和开启中欧自由贸易协定谈判。鉴于中国和欧盟的经济利益紧密相连，加强政策协调和建立信任的经济协议将给双方带来益处，特别是在新冠疫情导致全球经济衰退的情况下。

欧盟还可以在中欧美三角关系中发挥调解作用。美国和欧盟是传统盟友，但这种跨大西洋关系在前总统特朗普的"美国优先政策"下受损，该政策经常损害美国的欧洲盟友的利益。在中美竞争日益激烈的情况下，欧盟可以充当稳定国际秩序的桥梁。

作为欧洲的核心之一，德国与中国和美国都保持着密切的关系，因此德国有能力帮助欧盟协调中美关系，创造对话与合作的空间，帮助双方避免陷入对抗。

中非关系

让我们转向欧洲南边，"十四五"期间，中国将继续与非洲各国建立联系。非洲大陆潜力巨大，但也存在严重的基础设施缺失和工业瓶颈，这些都曾阻碍其发展。

在旧的国际分工下，由于资金不足和缺乏技术支持，非洲经济体长期以来往往被困在全球价值链的低端。近几十年来，当地的活力加上外国投资与合作的增加，推动了非洲经济的转型。在当前的数字化浪潮中，越来越多的公司正在采取针对非洲市场的全球化战略。非洲大陆拥有巨大的发展潜力，有望发展成为下一个"世界工厂"。

中国和非洲在比较优势和工业化水平方面存在差异，因此合作潜力巨大。在中非合作论坛和"一带一路"倡议框架下，中国与非洲的贸易额从2000年的100亿美元增长到2019年的约2070亿美元，增长了近20倍。3700多家中国企业在非洲各地投资兴业，为地区经济持续增长提供了强大动力。2019年10月，中国与毛里求斯签署的自由贸易协定是中国与非洲国家签署的首个自由贸易协定。随着非洲大陆自由贸易区的发展，中国可以与更多非洲国家开展自由贸易谈判，甚至探索与非洲联盟达成协议。

在当前中美关系紧张的背景下，开拓非洲新市场为中国企业提供了大有可为的机遇。当然，中国企业面临着各种挑战，如缺乏对当地实际情况的深入了解和理解，以及在基础设施和专业人才方面存在缺口，要克服这些障碍，需要政府、企业和行业协会通力合作，搭建更多平台，出台配套政策。

"一带一路"合作

"一带一路"倡议覆盖了前文讨论的所有三个地区以及更远的地方。中国仍应寻求建立更多伙伴关系，并将"一带一路"倡议"多边化"，例如将该倡议纳入联合国的治理框架。联合国自身也面临着挑战，在新冠疫情肆虐的情况下，联合国努力采取集体应对措施，这凸显了重振联合国的必要性。"一带一路"倡议与联合国2030年可持续发展议程高度一致，是帮助实现这一目标的有益工具。目前已有150多个国家和30多个国际组织参加了该倡议，可以通过在联合国架构下设立一个"一带一路"倡议专门机构来加强协调。

同样，中国也可以将"一带一路"倡议与其他国际机构更紧密地结合起来。为了促进与该倡议相关的货物、资本和人员的流动，规则和标准需要被简化。世贸组织、世界银行、国际货币基金组织、国际移民组织和国际劳工组织等合作伙伴可以帮助确定"一带一路"倡议相关问题的监管框架。

近年来，国际合作在民粹主义、保护主义以及全球疫情的重压下受到了影响。正如习近平主席所说："我们要坚持合作共赢理念，信任而不是猜忌，携手而不是挥拳，协商而不是谩骂……"为了实现"十四五"规划所设定的目标，中国需要与亚洲、欧洲、非洲以及其他地区的合作伙伴开展更加紧密的合作。

在全球舞台上塑造新的中国叙事[①]

要克服中国在国际上的"话语赤字"，需要新的声音和新的讲故事方式。

耶鲁大学历史学家、《追寻现代中国》一书的作者史景迁（Jonathan Spence）曾经说过："一个国家的伟大之处在于它有能力吸引和留住其他人的注意力。"

近年来，中国在国际舞台上的声音确实越来越响亮。然而，在当前复杂的地缘政治环境下，关于中国的叙事往往被扭曲。

中国的国际形象有时会受到西方刻板印象和报道的影响，这削弱了中国国际话语的公信力。特别是新冠疫情暴发以来，虽然中国在抗疫方面取得了一定成绩，但却有个别西方国家对中国的成绩不以为然。

与此同时，中国其实可以发出更多声音，积极主动地宣传中国的崛起。如何塑造"可信、可爱、可敬"的国家形象？在与世界其他国家交流时，中国如何才能做到"既开放自信，又谦逊有礼"？这些问题值得我们认真思考。

---

① 原载于 CGTN 网站，2021 年 8 月 30 日，2023 年 11 月修订。

第二部分
中国在多极化世界中的崛起

全球化智库的新书《我向世界说中国》探讨了如何在慕尼黑安全会议、巴黎和平论坛、达沃斯世界经济论坛等全球舞台上真实、全面地讲述中国故事。

作为一家民间智库,全球化智库10多年来一直致力于讲好中国故事,并逐渐形成了向世界"讲好中国故事"的三段式新叙事(立场、方法和态度)。

首先,中国新叙事的立场,是基于中国与其他国家的共同价值观和普遍性问题,向世界传递中国拥抱全球化的理念。

最好的叙事,旨在让讲故事的人与受众之间产生情感共鸣。不仅要讲述中国的故事,也要注重倾听了解别国的历史文化及现实需求。

鉴于国与国之间的文化存在巨大差异,中国应该倾听,然后将我们想说的话与能引起听众共鸣的话题和主题联系起来。我们应该结合全球共同价值观、中国对全球化的贡献、中国的发展历程和所面临的问题来讲述中国故事。

至于新的叙事方法,一种是用数字和事实说话,更多地讲述中国对全球化的贡献。另一种是在中国文化和中国发展的逻辑背景下,采用一种不拘一格的非政府叙事话语,分享政策、外交、商业和个人经历等领域的故事。

行胜于言。我们应多参加国际主流论坛、和国际主流媒体打交道,确保中国的观点被更多人听到。接受国际主流媒体的邀请发言至关重要。我们不应因为对方可能不友好或持有我们难以接受的观点而拒绝参与。我们应在中外政界、商界、学术界建立广泛的交流和对话机会,推动二轨外交。

在公共外交时代,人人都有发言权。如果想让更多年青一代了解自己,借助社交媒体就可以发出自己的声音。公众也可以通过不同的平台讲述中国故事。拥有丰富专业知识的学者往往可以更清晰、更简洁地解释中国的理念和方案。两者可以相辅相成。

同时,中国应创建新的国际交流平台,发起新型多边国际组织,积极设置议程,通过国际主流平台增强在各领域的影响力。

在国际舞台上讲好中国故事，需要积极主动地引导话题。这意味着要紧跟国际国内热点问题，通过多渠道传播提升中国的影响力。把故事讲好，更多其他国家的人就会有兴趣了解真正的问题。

说到叙事的"态度"，在世界舞台上"讲好中国故事"，要谦虚自信、兼容并蓄、相互尊重。谦卑并不意味着自卑。包容并不意味着立场不坚定。

在国际交流中，传递我们的理念并不需要用尖刻的语气去说服他人或反驳论点。关于中国的故事需要具体的观点和细节。有效的交流就是将我们自己的理念传播到世界各地，故事越丰富、越翔实，受众就会越好奇、越想听。

我们应突出积极的议题，强调多边合作。一旦这些成为公众讨论的核心，关于中国的讨论将更多地涉及中国的贡献，以及中国与别国在应对全球挑战方面的互利合作，世界就会在进一步认识中国中改善对中国的看法。

第六章
风云变幻下的中美关系

中国和美国是世界上相当重要的经济和政治参与者。在本书文章写作跨度的时期内，中美关系的波动不仅成为中国对外关系的核心，也成为全球事务的核心。本章所收录的文章是全球化智库在对这一主题的持续研究的基础上，结合一系列相关活动和对美国的二轨外交访问写就的，从关键节点切入，从中国的视角阐释了这一不断发展的双边关系，并就如何改善两国关系提出了政策建议。

贸易摩擦的波折与转机

2019年是中美建交40周年，本该是值得庆祝的一年。不幸的是，2018年召开的二十国集团会议却因贸易摩擦加剧而无法消除蒙在世界两大经济体之间关系上的阴影。《中美关系40年：不同的梦想，共同的未来》一文回顾了1979年中美关系正常化以来双边关系的发展历程，认为虽然双方对彼此的预期不同给中美关系造成了压力，但接触对于建立有益的竞合关系仍然至关重要。

在中美同意签署"第一阶段"经贸协议之后，新一个十年的开始给双边关系好转带来了希望。然而，从长远来看，要维持一个开放的全球经济，需要的不仅仅是一个单一的经贸协议。在我们的多极世界中，没有"放之四海而皆准"的发展模式，这一点已经越来越清楚。《下一个10年中美不应脱钩，而应接受不同发展模式》一文写在第一阶段经贸协议签署的不久之前,这篇文章认为我们应该包容不同的国家经济治理方式,适应"发展的多样性",同时维护支撑国际合作的机构。

2020年,随着新冠病毒在全球的蔓延,华盛顿和北京之间的紧张关系升级,特朗普政府对TikTok和微信等中国应用软件发起了攻击。当时,人们很容易将这些针对中国的行动视为特朗普总统连任战略的一部分。然而,数字经济和数据流动的双边摩擦也说明了全球经济中更深层的紧张局势。特别是,虽然跨境数据流动呈指数级增长,但全球贸易规则在20世纪90年代以后几乎没有发生变化。由于没有管理数据流动的全球规范,不同国家的决策者都在各自实施数据管理规则。《中美科技冷战应休矣》一文在特朗普总统发出针对微信和TikTok的行政命令后发表,该文认为,世界各国领导人需要为如何管理数据制定一个共同的规则框架,否则相关问题产生的冲突将加剧并扼杀互操作性、投资和创新。

进入拜登时代

2020年11月,美国总统大选的结果给中美两国带来了希望,两国关系有望止跌企稳并重新开始合作。《拜登应如何改善中美关系》一文写于拜登大选获胜后不久,文章着重阐述了对中美关系能够继续沿着更加稳定的轨道发展持乐观态度的理由,同时指出在新总统的任上双边关系不太可能出现戏剧性的转折。

文章《中美应建立良性"竞合"关系》发表于2021年9月,即习主席和拜登第二次通电话后不久。文章认为,虽然中美之间难免会有摩擦,但两国共同的根本利益大于摩擦。文章强调,随着美国新政府的上台,双方应采取积极措施,建立有益的"竞合关系"。

对双边关系持乐观态度的一个充分理由是,与前任总统相比,拜登对美国所面临的全球性挑战有更加清醒的认知，没有哪个国家能够独自解决这些挑战。在这些挑战中，最严峻的莫过于气候变化。正如本章最后一篇文章《应对气候危机，中美两个"气候超级大国"需要合作》所论述的那样，也许没有什么议题比气候变化更加迫切地需要中美合作来应对，中美之间也没有比这更好的合作机会了。

中美关系 40 年：不同的梦想，共同的未来 [①]

为什么蜜月的终结并不意味着接触的结束？

有时，因情势所迫而建立紧密联系的人们对未来会有截然不同的想象。随着时间的推移，不能符合对方的期望会给这种关系带来压力。中国有个成语"同床异梦"，形象地概括了这种紧张关系。

自 1979 年中美建交以来，许多观察家会用这个成语来比喻中美关系。然而，中美关系已经发展成为一种正常的关系，经历了艰难的时期，并为两国带来了巨大的繁荣。

2019 年是中美建交 40 周年，本该是值得庆祝的一年。中美两国的国民生产总值总和几乎占到全球的一半。然而，当时世界上最大的两个经济体之间关系的未来却被蒙上了一层阴影。一些观察家开始预测一种黑暗的前景，提出了中美之间可能发生第二次冷战，这将使全球经济支离破碎。

虽然美国在某些问题上的看法失之偏颇，但竞争并不意味着对抗。接触仍然是建立有益的竞合关系的基础，对整个世界的和平与繁荣至关重要。

---

① 原载于《中国日报》，2019 年 2 月 18 日，2023 年 11 月修订。

深化太平洋两岸的联系

无论从哪个角度看，中美建交的 40 多年里中美关系都取得了长足进步。1972 年尼克松总统首次访问北京时，中美年度双边贸易额不足 1 亿美元，双边投资额接近于零。2017 年，双边货物贸易额达到 7104 亿美元，是 1979 年的 232 倍还多。

对中国而言，与美国关系的深化是与改革开放同步进行的。在此期间，不断发展的双边关系对中国的发展产生了重大影响，跨太平洋贸易帮助数百万人摆脱了贫困。截至 2017 年，来自美国的外国直接投资累计达到 825 亿美元，设立企业达 6.8 万家。

与此同时，美国经济也从这一蓬勃发展的关系中汲取了力量。中国制造的商品帮助美国消费者保持着低廉的支出，而美国跨国公司则享受到了前所未有的全球增长，这在一定程度上得益于中国的劳动力供应和广阔的市场。2007 年至 2016 年，美国对中国的货物出口增长了 86%，而对世界其他地区的货物出口仅增长 21%。同期，美国对华服务出口增长超过 300%，而对世界其他地区的服务出口增长约 50%。2016 年，美国对华服务出口总额超过 520 亿美元。

随着全球价值链将中美两国紧密联系在一起，两国人民有越来越多的机会到彼此国家旅行和了解对方，建立长期的经济和文化联系。疫情暴发前，中美之间每年人员往来超过 500 万人次。中国游客已成为美国当地企业和社区的福音，2016 年中国游客在美国消费了 330 多亿美元，大大高于在其他任何国家的消费。中国学生也同样对美国教育机构做出了巨大的贡献，2016—2017 学年在美中国学生人数超过 35 万，占国际学生总数的三分之一以上。

无论是从经济还是人文交流的角度来看，中美两国都从更加紧密的关系中获益匪浅。然而，目前双边关系已进入困难时期。

中美关系陷入动荡

从许多方面来看，当前的中美贸易争端源于工业化国家的决策者未能处理好过去几十年快速全球化带来的混乱。这一进程中的付出和收获分配极不公平。决策者往往在事后才想到采取措施试图减轻最坏影响，而这种努力基本上没有效果。

在技术和全球化的推动下，制造业出现空心化，导致美国出现巨额贸易赤字，许多经合组织国家蓝领工人的不满情绪一浪高过一浪。愤世嫉俗的政客们非但没有补偿全球化的失败者，反而将矛头指向自由贸易。

正是这一过程最终导致了高举"美国优先"旗帜的总统的当选和当前的贸易争端。随着拜登时代的到来，现在事实已经很清楚，美国对华情绪的根本转变显然早在特朗普当选之前就已发生，并将长期持续下去。

2015年，奥巴马总统的《国家安全战略》对"稳定、和平与繁荣的中国"的崛起表示欢迎。这种措辞如今在华盛顿早已不复存在。2018年的《国家安全战略》将中国列为"战略竞争对手"，为针对这个世界第二大经济体发动广泛攻势奠定了基础。

蜜月结束了

令人遗憾的是，美国政府对中国的认知已经从一种固执转向另一种固执。在"其他国家的崛起"和美国国力相对衰落的背景下，中国在美国眼里已从一个寄托于不切实际的梦想的对象变成了引发焦虑的导火索。

无疑，我们早就该对以前的错误观念进行调整了。不幸的是，钟摆已经摆到了一个危险的极端。

随着过去40多年中美关系的发展，美国的许多人相信——至少是希望——中国的长期发展轨迹将与美国模式趋同。在畅销书和跨国公司的商业战略中，中国作为"拥有 10 亿消费者的国度"的形象出现于其中。

这并不是美国人历史上第一次依照他们的希望和恐惧预测中国，反之亦然。20 世纪初，满怀希望的中国人曾将美国视为仁慈的正义仲裁者，将保护他们免受帝国主义势力的侵害。这两种愿景都未能实现。正如约翰·庞弗雷特（John Pomfret）所写的那样，跨太平洋关系长期以来经历了"满怀希望、欣喜若狂的甜蜜，随后是失望和排斥"的循环。

20 世纪 70 年代，现代化理论为这些预测提供了一个思想框架。该理论认为，不可抗拒的力量将把中国塑造成一个西方式的自由市场民主国家，倡导接触政策的美国人将他们的立场建立在这一信念之上。正如布什（时任美国总统）在 2000 年所说的那样，"与中国进行自由贸易，时间在我们这边"。

不过，西方观察家逐渐认识到中国注定要走自己的发展道路，美国的鹰派声音和机会主义政治家抓住机会，将中国重新塑造成新的敌人。这就是我们所处的时刻，赵穗生教授称之为"错位共识的崩塌"（the end of the mismatched grand bargain）。

重新评估中美关系

现在是冷静审视中美关系的时候了，我们应该接受这样的事实：在未来数年甚至数十年里，两国将既有合作，也有竞争。

"脱钩"已成为一部分人描述未来双边经济关系的流行语。事实上，中美两国关系紧密到不能失去彼此。美国不应因为某些提前预设的误导而放弃对华接触政策。这样做无异于把孩子和洗澡水一起倒掉；接触仍然是中美两国和平共处、确保全球经济持续增长的唯一途径。

接受在某些领域进行竞争并不意味着双边交流的结束，事实上，这需要更多的互动，尤其是人与人的互动，来相互了解，并寻找机会保持有利于合作而非冲突的平衡。人文交流的冷却将扩大中美之间的信息赤字，增加战略误判和冲突的风险。

将历史模式套用到中美关系上可谓旧瓶装新酒。事实上，没有任何先例可以指导我们如何在全球密切联系在一起的 21 世纪处理两个大国之间的关系。

建设性对话和行动必须成为双边关系的基础，以确保竞争保持良性。这意味着我们既要认真倾听，也要以冷静、清晰的声音发出声音。

我们还应确保中美两国的年轻人有机会增加对彼此的了解。我有幸在美国学术机构获得了宝贵的经历和朋友，我强烈建议太平洋两岸的年轻人也能继续这样做。

通过出国旅行、学习和工作进行双边交流是对个人生活和世界上最重要的双边关系的未来的宝贵投资。决策者们正在想方设法摆脱近来给双边关系蒙上阴影的幻想，希望下一代中国人和美国人能够逐渐看清对方的真实面目：他们同为人类同胞，有时可能有着不同的信仰、价值观和梦想，但彼此的未来却与对方息息相关。

下一个 10 年中美不应脱钩，而应接受不同发展模式[①]

中美贸易摩擦的背后，是美国对于如何管理经济以及政府应扮演何种角色的错误立场。我们应该学会理解，根据各自的不同情况调整发展模式是合理的，也是必要的，而不是将自己的发展理念生硬地强加给其他国家。

2020 年年初，中美两国签署了第一阶段经贸协议，在新的 10 年来临之

[①] 原载于《南华早报》，2020 年 1 月 8 日，2023 年 11 月修订。

际为全球经济带来了新的希望。然而，在疫情的干扰和紧张局势下，协议的实施远非一帆风顺。显然，要维持一个开放的全球经济，一份经贸协议是远远不够的。

我们生活在一个多极化的世界，显然没有"放之四海而皆准"的发展模式。与此同时，全球价值链、文化纽带和跨国挑战将世界各国紧密联系在一起，相互依存的程度超过以往任何时候。

为了在未来取得成功，我们必须在全球化和发展过程中，运用"和而不同"的思维方式，在促进国际合作的同时，解决这些现实问题，找到容纳不同发展模式的方法。任何关于中美两国"脱钩"的想法都应摒弃，因为这不仅会损害两国利益，还会伤害全球经济。

30多年前，冷战结束后一些人曾预言，所有国家最终都将向西方特有的自由民主和自由市场资本主义靠拢。

从20世纪80年代到21世纪，全球机构相信发展有"万能药方"，并为所有国家制订了相同的发展计划。与此同时，随着全球化进程的加快，一些学者预言，人员、货物和信息的跨境流动最终将使世界变得扁平，并使地方差异变得不再重要。

今天，我们看到，那段时期远非"历史的终结"，实际上是全球发展进入多极化新篇章的前奏。

经济全球化让世界各国相互依存度更高，但并不是变得千篇一律。随着新兴经济体的崛起，特别是自2008—2009年全球金融危机以来，世界变得越来越多极化，这一点在亚洲的崛起中体现得淋漓尽致。

随着"二战"后全球治理体系面临越来越大的压力，区域多边倡议激增。2019年，大型自由贸易协定在非洲和亚太地区生效。已有100多个国家加入"一带一路"倡议。这些只是新涌现的众多区域倡议的一部分，显示了各国对适合不同国家和发展模式的灵活贸易架构的需求。

在多极化的同时，我们对发展的理解在思想上也发生了转变。

数十年的经验表明，"一刀切"的发展模式无法惠及世界上的贫困人口。正如哈佛大学经济学家丹尼·罗德里克（Dani Rodrik）所指出的那样，一种强调实用主义和渐进主义的发展共识已经形成。各国的成功之道是因地制宜、因势利导，而不是遵循国际指令。

那么，这一切与中美贸易摩擦有什么关系呢？近期中美贸易摩擦的深层原因是人们对经济运行方式的不同观点，比如政府在创新和产业中的角色，或者企业应该发挥什么作用。

多极化和新的发展共识表明，我们必须学会接受这些问题可以有不同答案，找到容纳"发展多样性"的方法，同时维护支持国际合作的机构。这种多样性并不一定妨碍更深入的一体化，它是一种宝贵的财富，而不是一种威胁。

在自然界，我们重视生物多样性，将其视为健康生态系统的一部分。它代表着物种从数百万年进化中获得的关于如何繁衍生息的集体知识。同样，不同的发展方式反映了世界各地社会的经验。与遗传特征不同的是，各国可以自由借鉴和调整其他国家的特色经验来满足自身的需要。

中国从西方的成功经验中学到了很多，并将继续这样做。其他国家的决策者可以借鉴中国的经验。但中国绝不会"输出"自己的模式或挑战现有秩序。毕竟每个国家都必须开辟自己的发展道路。

中国的经济和治理体系与西方国家不同，但这并不一定会导致对抗。共同的利益远远大于存在的分歧。

例如，2021年是中国实施第十四个五年计划的第一年，"十四五"是从2021年至2025年。中国的"五年规划"是国家制定的长期发展目标，并调动资源来实现这些目标。五年规划是经济体系的一部分，这一体系让中国摆脱了贫困，成为近年来全球经济增长的最大驱动力。中国还通过成立亚投行等新倡议为多边主义做出了贡献。

与其关注意识形态或其他方面的分歧，不如"实事求是"，从经验出发看待中国的发展。如果中国的发展模式适合这个国家，并能为全球经济做出重大贡献，那么世界其他国家也应学会包容这种模式。

事实上，随着中国经济的进一步开放，未来中国广阔的市场将为其他国家提供越来越多的机遇。随着中国深化改革，开放的不仅仅是市场，还有思维方式。

这种"和而不同"、包容不同观点和做事方式的做法在中国由来已久。早在两千多年前，孔子就提出"君子和而不同"的思想。随着复杂的多极世界进入 21 世纪 20 年代，这一教诲仍然具有宝贵价值。

中美科技冷战应休矣[1]

世界上最大的两个经济体需要合作制定共同的全球规则来管理数字贸易流动。

早在 2020 年，当特朗普政府试图禁用中国应用程序 TikTok 和微信时，人们很容易将这当作选举策略的一部分。然而，这些做法以及中国的应对措施反映了一个触及全球经济核心的更深层次的问题，除非全球最大的两个经济体携手合作，否则问题将无法解决。

正如石油在 20 世纪开辟了新的贸易领域一样，数据已成为 21 世纪贸易增长的命脉。在包括 TikTok 等应用在内的数字服务领域，贸易正在蓬勃发展。数据流也日益成为实体商品贸易的基础，为复杂的全球价值链以及区块

---

[1] 原载于彭博社，2020 年 9 月 1 日，2023 年 11 月修订。

链、人工智能和物联网等新兴技术提供支持。咨询公司麦肯锡的数据显示，从 2005 年至 2017 年间，跨境带宽使用量增长了 148 倍。

然而与此同时，全球贸易规则自 20 世纪 90 年代以来却几乎无变化。实际上是在试图用相当于 Windows 95 的操作系统运作 21 世纪的云端经济。

由于缺乏全球共用的数据流动管理规范，全球各国各地区的决策者都在开发自己的"补丁程序"，以管理数据、保护国家安全和公民隐私。欧盟于 2018 年推出《通用数据保护条例》（*General Data Protection Regulation*）。中国于 2017 年实施《中华人民共和国网络安全法》，并在 2021 年通过了一项重要的《中华人民共和国数据保护法》。

如果说美国在数据管理方面一直动作较慢，那么部分原因可能在于，美国仍主导着处理全球数字流的行业和网络架构。而由于对中国获取美国个人数据的担心日渐加剧，美国的舆论风向也在转变。

根据经济合作与发展组织（OECD）的数据，数据监管规则的数量已由 21 世纪初的 50 个增至 2019 年的近 250 个，与此同时，以欧洲国际政治经济中心（European Centre for International Political Economy）的数字贸易限制指数衡量的整体数据控制程度已翻了一番。

这些规则的分散本质让各企业面临复杂局面，也给各国之间带来摩擦。2020 年，除特朗普针对 TikTok 和微信的行政令之外，印度禁止了大量中国的应用程序，欧洲法院（European Court of Justice）推翻了脸书（Facebook）[①]和推特（Twitter）等美国公司用于处理来自欧盟的个人数据的"隐私盾"机制。同时，美国与多个欧盟国家在数字税问题上陷入纠纷。

不同国家对数据管理自然会有不同的观念、价值观和约束力。所有国家都应有权在他们认为符合国家安全目标的情况下监管数据。但同时，全球需

---

① 现改名为元宇宙（Meta）。——编者注

要就数据管理方式制定一些共同规则，否则这类冲突只会越来越多并将扼杀互操作性、投资和创新。

一些双边和区域性协议已开始在稳步推进这样的共同标准。CPTPP中的电子商务章节允许成员以一种基于规则并可将贸易壁垒降至最低的方式来监管数据流动。假如中国未来能够加入该协定——这一想法在中国决策层正得到越来越多的支持，则将有助于中国与下一代数据监管规范接轨，并将支持中国企业实现其"走向全球"的抱负。

不过，如今真正需要的是一个同时包含中国和美国的多边数据监管机制。第一步是要完成正在进行的世贸组织有关电子商务的磋商。这一磋商目标应是设立全球基本规则和数据免责条款，同时维护世贸组织体系的中心地位。

下一步，二十国集团应以2019年的《大阪数字经济宣言》为基础进一步开展工作，该宣言承认有必要为最大限度实现数字化效益而进行国际政策讨论。由全球规模较大的20家数字企业组成的"数字20强"应汇集来自政府、行业、学术界和非政府组织的数据，形成一套切实可行且基于事实的方法，在保护国家安全的同时，保护消费者的隐私，获得消费者的信任，让政策对企业具有清晰性和可预测性。

这些大型科技企业总部大多位于美国和中国。美国领导人不应将中国的科技企业视为对美国国家安全的威胁，而应积极寻求能够用于创建全球标准的行业共识和最佳实践。

为让强硬派安心，我们需要在全球建立一套可用于判断什么是安全数字管理实践的明确标准。应鼓励各国将ISO 27000等信息安全方面的国际标准作为国内实践的基准。

基于规则的自由贸易曾在帮助全球经济走出"二战"废墟、实现复苏中发挥关键作用。如今全球经济正在从疫情造成的破坏中挣扎复苏。是时候该让我们的多边贸易规则走入 21 世纪了，我们应遏制住数字保护主义的浪潮，让数字流动成为增长和机遇的源泉，而非逆流。

拜登应如何改善中美关系[①]

随着白宫迎来新主人，人们有理由谨慎地认为，中美之间的关系有望开始改善。本文就如何稳定世界上最重要的双边关系向双方提出了建议。

在经历了特朗普总统四年反复无常的"美国优先"单边主义统治后，拜登总统在 2021 年年初上台后继续面临一系列外交政策挑战，其中最重要的莫过于稳定与中国的关系。虽然没有人会期待中美关系能出现戏剧性的转折，但我们有理由期待中美两国至少可以逐渐缓和关系，甚至重新开始合作。

贸易摩擦和新冠疫情严重破坏了中美领导人之间的互信。美国一部分人认为中国是一个"战略竞争对手"——随着中国实力和影响力的增强，这一观点可能只会变得更加难以改变。

不过，特朗普时代与拜登政府之间的明显差异还是让我们有理由保持谨慎的乐观。特朗普从贸易赤字和短期政治利益的狭隘视角看待中国，相比之下，拜登领导下的外交政策肯定会更加稳定和务实。拜登的团队是现实的，例如，高层顾问库尔特·坎贝尔（Kurt Campbell）和杰克·沙利文（Jake Sullivan）认为，与中国共存意味着接受与其竞争，竞争"应被视作一种需要管理的情况，而不是需要解决的问题"。

[①] 原载于彭博社，2020 年 11 月 11 日，2023 年 11 月修订。

拜登本人与中国的关系可追溯到1979年，当时他是第一个访问中华人民共和国的美国国会代表团成员。他与习近平相识的时间可能比和任何其他外国领导人都要长，2011年至2012年间，他与时任中国国家副主席习近平至少会晤了八次。

在对华态度上，拜登至少在三个方面可能与特朗普不同。第一，拜登政府将与其他大国和国际机构展开更多合作，以实现美国的目标。然而，考虑到更广泛的利益联盟，决策将更加渐进、有节制，并有利于全球合作。希望这将为通过双边和多边渠道缓和中美之间紧张的关系提供机会。

第二，拜登和他的团队似乎已经接受了不能强迫中国放弃其发展道路的事实。据报道，拜登的顾问们认为，美国应将重点从"改变中国"转向"增强自身竞争力"。拜登总统呼吁加大对美国教育和基础设施的投资，并通过"购买美国货"议程来促进美国工业的发展。同样，即使这一战略是出于与中国竞争的冲动，它也应该会减少经济关系中的摩擦。

第三个也是最重要的区别是，拜登对美国面临的全球挑战有着清醒的认识，没有哪个国家能够独自解决这些挑战。例如，即使美国遭受了最严重的新冠疫情，特朗普仍继续淡化新冠病毒，并试图指责他人。拜登采取了一种更支持合作的态度，包括重新加入世界卫生组织。推动开发、生产和分发疫苗的峰会为中美提供合作的良机。两国还可以合作建立一个全球基金，来支持发展中国家的疫后复苏。

拜登在气候问题上的立场也有利于中美关系。他承诺重新加入《巴黎气候协定》，并在2020年4月召开世界主要碳排放国峰会，以加快应对气候变化的进程。中国则承诺到2060年实现碳中和，并愿意成为推动全球去碳化的合作伙伴。

重振以规则为基础的自由贸易是一个更为棘手的问题。作为副总统，拜登在推动《跨太平洋伙伴关系协定》（TPP）方面发挥了关键作用，有朝一日，他可能愿意重新谈判特朗普放弃的贸易协定，把中国也拉进来并非不可想象。

反对中国加入该协定的人应该考虑到，该协定将迫使中国进行美国所倡导的许多结构性改革，如让国有企业接受市场约束和改进知识产权保护。若谈判成功，这也将为世贸组织的改革铺平道路。

就中国而言，抓住这一机遇，支持与美国新政府开展建设性对话是一个可以考虑的选项。这意味着要认真倾听美国的关切，并冷静、清晰地发出自己的声音。拜登将面对一个分裂的国会，从特朗普那里继承下来的在政治上难以废除的措施，以及大量的国内挑战。鉴于改善中美关系的重要性，没有理由让他的工作更加艰难。

中美应建立良性"竞合"关系[①]

> 中美之间的某些摩擦也许是不可避免的，但两国共同的根本利益远远大于这些摩擦。随着美国新一届政府上台，双方应采取积极措施，建立良性的"竞合"关系。

中国和美国是世界上最大的两个经济体，两国关系具有全球意义，对两国的跨国企业、世界经济前景和全球治理的有效性都有重大影响。

在应对气候危机、新冠疫情等全球性挑战时，中美需要携手发挥领导作用。中美两国共同的根本利益意味着双方应超越传统的大国竞争框架，建立既有合作又有竞争的新型关系，即"竞合"关系。

---

① 原载于《中国日报》国际版，2021年9月28日，2023年11月修订。

中国的对美政策长期以来一直相对稳定。中国一贯主张合作共赢、相互尊重，建立非对抗性的中美关系。中国领导人近期的表态表明中国政府仍然希望双边关系能够回归理性和务实的状态。

建立互信，寻求和扩大共同利益，广泛开展双边和多边国际合作，最重要的是以建设性的方式管理和处理分歧和冲突，对中美关系至关重要。

第一，双方应在敏感议题上保持克制、避免情绪化决策。不可否认，美国在某些问题上存在分歧。美国自身也面临着紧迫的问题。双方应深化沟通，就中美关系的底线达成基本共识，划出基本红线。双方还应推动达成新的联合公报或相关协议。

第二，中美欧三方应建立协调机制，加强国际协调和全球治理。三方可通过常设的制度化、多层次和广泛的对话与合作机制，就国际关系、气候变化、新冠疫情防控、世贸组织改革等议题进行定期交流。这将增进中美欧之间的相互理解、信任与合作，提高全球治理效率。

第三，"一带一路"倡议可以更具包容性，以吸引更多发达国家参与。中国可以与美国、日本和澳大利亚发起的基础设施项目认证机制"蓝点网络"、美国提出的"重建美好世界"（B3W）倡议以及欧盟的"全球联通欧洲"计划开展合作。中国还可以与更多国家签署第三方市场合作文件，合作开拓非洲等第三方市场。

第四，加强中美人文交流，尤其是二轨外交，为缓和中美紧张关系营造良好舆论氛围。在疫情得到较好控制后，中方可考虑放宽美国学生签证申请，欢迎更多外国人来华留学。

双方还应放宽对记者的限制，鼓励媒体客观报道。还应促进中美智库开展交流，由中美学术带头人发挥主导作用。

中美竞争或许不可避免，但这并不意味着两国必须发生冲突。美国应与中国进行更坦诚的交流和建设性对话。2021年是美国前国务卿亨利·基辛格访华 50 周年，这是一个反思和学习老一辈中美外交官处理中美关系经验的机会。

在阿富汗、气候变化、军备控制、核不扩散、公共卫生等问题上，中美两国有很大的合作空间。

中美可以充分倾听对方的关切，寻求建立互信和尊重。

必要时两国应搁置争议，优先开展合作。"脱钩"是一条不归路。双方应该以史为鉴，构建中美关系的新叙事和新机制，为世界的和平与发展增添更多的确定性。

应对气候危机，中美两个"气候超级大国"需要合作[①]

> 如果处理不当，气候危机可能会日益成为地缘政治中的一个不稳定因素。但这也为中美合作提供了强大的动力。

大国竞争给全球应对新冠疫情蒙上了阴影。这场疫情本应成为中美两国为共同事业携手合作的契机。然而，疫情带来的压力却加剧了两国之间的紧张关系。

迫在眉睫的气候危机对大国关系来说也是一把双刃剑。一方面，这一任何国家都无法独自解决的全球性挑战本应成为合作的催化剂。另一方面，气候变化可能成为地缘政治中破坏稳定的"风险乘数"。它加剧了社会、经济和制度的压力，开辟了新的竞争领域，可能加剧国家间的摩擦。

是团结还是冲突？气候变化带来的这两股相反的力量中哪一股占上风，可能是我们有生之年最重要的问题。答案将取决于政治意愿和领导力，也将

---

① 本文为威尔逊中心 2020 年 9 月约稿，2023 年 11 月修订。

取决于中美关系的走向。

中国和美国是世界上的两个大经济体、能源消费国和碳排放国，两国碳排放量合计占全球的 40% 以上。中美在清洁技术领域居于领先地位，是行业标准的领导者，分别代表发展中国家和发达国家。这两个"气候超级大国"之间的互动将决定能否形成有效的气候治理，以及清洁技术开发和应用的前景。

如果两国能够携手合作，中美将有足够的能力带领我们走向可持续的气候未来。但是，如果两国不能合作，我们就很难看到这一目标实现。

气候变化时代的大国关系

环境治理和对去碳化的追求为大国竞争开辟了新的领域，无论竞争的奖励是对北极融化地区的新航道和海底资源的控制权，还是对气候适应技术的主导权，抑或对实现这些技术的关键矿物的获取权。这种观点认为，脱钩和不同贸易集团的出现会抑制增长，并导致不能采用最优的清洁技术，而不和与战略竞争则会阻碍多边气候治理的进展。

这种观点并不令人乐观。但在气候变化时代，这是否是理解中美关系的正确方式？

每个时代的大国关系都有自己的形态和特点。21 世纪地缘政治的两个特点使中美关系与之前的大国关系截然不同。

第一个特点是相互依存的加深。经济全球化和价值链将我们这个时代的大国紧密联系在一起，这与冷战时期的大国关系或历史上其他大多数大国关系模式截然不同。有人认为，脱钩和去全球化的压力可能会削弱这些联系。但即便如此，新冠疫情显示，"生态全球化"的影响只会越来越显著。我们生活在同一个大气层下和同一个生态系统内，气候变化将我们的命运联系在一起。事实上，如果不能管理好气候变化，自然栖息地也将受到影响，人畜共患病传播的概率将增加,这会导致未来大流行病的风险上升。在21世纪,我们面临的最大威胁不是来自其他国家,而是跨国性质的,如气候变化和大流行病。

第二个特点是多极化。长期的结构性趋势,尤其是亚洲和新兴市场的崛起,意味着没有任何一个国家能够独自主导全球的规范和规则。可以说,在气候变化方面,重心的转移更为明显。2000年,欧洲和北美的能源需求占全球的40%以上,亚洲发展中经济体约占20%。根据国际能源机构的预测,到2040年,这种情况将完全逆转。印度电力部门的碳排放量将在2030年前超过美国。如果广大的发达国家和发展中国家不能携起手来共同努力,气候变化问题将是无解的。

这些现实要求我们对21世纪的安全与权力有新的认识。贯穿各领域的非传统安全问题比以往任何时候都更加重要,而且不能粗暴地用军事或经济力量解决。面对像气候变化这样的共同威胁,借用约瑟夫·奈(Joseph Nye)的说法,重要的是我们要认识到,不能"倚仗权力凌驾于其他国家之上",而是"与其他国家共同使用权力展开合作"。

在中美关系中强调气候合作

冷战的一个悖论是,致命的核武器保证了超级大国之间保持一定程度的直接互动。双方都认识到,他们必须合作以避免毁灭。

与核武器带来的威胁相比,气候变化是一个更为复杂的问题,它涉及更多的参与者、更大的不确定性、艰难的权衡以及国家和世代之间的公平问题。然而,从长远来看,核武器和气候变化在逻辑上有一定的相似之处。应对这两个威胁都需要全球各国的协调与合作,以避免造成毁灭一切的结果。就像20世纪的冷战一样,21世纪的大国也必须携手合作,防止潜在的灾难,尽管这场灾难是逐渐显露的,而不是一瞬间的爆炸造成的。

但是，合作应对气候变化的逻辑远不止避免灾难性的"双输"结果这么简单。全球实现碳中和这个目标为中美两国带来了许多实实在在的回报。它将帮助两国保护环境，为国民创造财富，并有助于实现能源安全。减少对化石燃料和运输化石燃料的航道的依赖，还可以缓和南海等潜在热点地区的紧张局势。

鉴于化石燃料仍占全球初级能源消耗的84%，清洁技术将在未来数年乃至数十年内获得巨大的增长，而且必须如此。据世界银行估计，到2030年，仅在新兴市场，气候变化承诺就为气候智能投资带来近23万亿美元的机会。中美两国企业在低碳领域优势互补。中国是风能和太阳能光伏等气候友好型技术的顶级制造商；美国则是将这些产品集成到电网和城市系统领域的领导者。通过合作，两国可以发挥协同效应，在基础设施、绿色建筑和智能城市等领域开发新的解决方案，并开启在第三市场的合作机会。除了共同的环境关切外，这些伙伴关系和共同的经济利益将为双方团体提供更多的动力来维持稳定的双边关系，从而提供近年来一直缺乏的双边关系压舱石。

在当前双边关系紧张、几乎所有领域都成为两个大国的竞争舞台的情况下，中美成为低碳未来的共同设计师的愿景似乎有些遥不可及。但值得注意的是，直到最近，绿色问题仍然是两国关系的一个亮点。中美合作促成了2015年《巴黎气候协定》的签署。成立于2013年的中美气候变化工作组，见证了两国企业在智能电网、碳捕获和汽车减排等领域开展的富有成效的合作和专业知识共享。

从长远来看，中国对美国再次成为气候管理的积极伙伴仍持乐观态度，因为人们对全球共识的认同度越来越高，年青一代也支持对气候变化采取行动。

中国还可以在国家以下层面与美国开展更多合作。例如，位于加利福尼亚州的中国气候研究所于2019年9月成立，旨在交流思想、让专家分赴彼国交流，并推动制定更加合理可行的政策。虽然国家层面以下的各级政府最终需要联邦或中央对口部门的更多支持，但仍有余地建立更多此类平台来促进政策制定者与行业之间的合作，例如在州或县一级举行气候峰会。

正如帕格沃什科学与世界事务会议（Pugwash Conferences on Science and World Affairs）在冷战时期作为对话渠道一样，二轨外交也能在中美气候合作中发挥重要作用。太平洋地区智库和非营利组织之间开展更多交流有助于加强理解，探索互利合作的解决方案。

现在，中美两国应抓住机遇，在双边关系中突出气候变化问题，从而培养应对气候变化的凝聚力，积极应对气候变化造成的不确定性。

中美关系中存在竞争和分歧也许是不可避免的，但我们决不能让无节制的竞争破坏我们战胜人类面临的最严峻威胁的努力。历史表明，即使在激烈的战略竞争中，主要大国也有可能就解决生存威胁开展合作。然而，从许多其他方面来看，要理解一个比以往任何时候都更加多极化和相互联系更加紧密的 21 世纪的世界，冷战是一个有缺陷的类比，这不仅体现在中美的经济和文化联系上，还体现在应对气候变化等共同挑战上。我们这个日渐升温的星球需要我们在大国关系中采取更具想象力的外交手段，以管控双边摩擦，促进合作，管理我们的全球公域。忽视这一大局将是最大的战略错误。

第七章
中国在崛起的、更加一体化的亚洲中的角色

现在，我们从中美关系转向中国与亚州国家的关系。未来数年乃至数十年，中国外交的重心之一将是深化与亚洲邻国的关系，因为亚洲在全球经济中扮演着越来越重要的角色。亚洲正逐渐成为国际合作和全球治理中一支更加团结和更具建设性的力量。

在经济上，亚洲已经成为全球的重心。在变得更加繁荣的同时，亚洲也更加一体化。亚洲开发银行 2020 年 7 月发布的数据显示，目前区域内贸易占亚洲国家对外贸易总额的比例已从 2000 年的 45.2% 增加到 58%。

2020 年是一个里程碑，东盟首次超过欧盟成为中国的第一大贸易伙伴。与此同时，亚洲也成为新的多边自由贸易协定的中心，如 RCEP 和 CPTPP。然而，尽管取得了这些进展，亚洲也存在进一步一体化的潜力，但在过去，亚洲区域合作常常受阻于地理情况和历史包袱。

日益升温的亚洲关系

本章第一篇文章《亚洲世纪的曙光》捕捉到了这些趋势，并对导言中"中国在亚洲的角色"部分进行了更详细的阐述。该文认为，如果 21 世纪真的是"亚洲世纪"，那么它将由亚洲人在自己的大陆上通过更加紧密地合作来构建。文章描述了随着亚洲国家间合作带来的互惠互利日益明显，这些国家如何加大力度克服历史和其他困难，深化地区一体化。特别是，将基础设

施倡议、贸易协定和其他地区协议结合在一起,将促进泛亚区域内的互联互通和贸易自由化方面的协调。反过来,这也有助于促进互惠互利和深化一体化的良性循环。

第二篇文章《中日关系新篇章有助于推动亚洲一体化》首次发表于2019年6月,当时正值习近平主席首次以中国领导人身份访问日本、出席在大阪举行的二十国集团峰会前夕。这次访问将中日两国在过去两年中有所缓和的关系推向高峰。文章指出,在这一时刻,中日关系有望迎来新的机遇,通过合作,亚洲最大的两个经济体可以成为推动亚洲一体化的力量。

中印关系

让我们把目光转向西方,本章的第三篇和第四篇文章将探讨中印双边关系,这必将是21世纪最重要的双边关系之一。中印毗邻,文化渊源深厚,合作潜力巨大。

《中印能否克服边界问题造福亚洲?》一文最初发表于莫迪总理2019年连任后不久,该文强调了影响中印关系走向的因素,并指出两国在经济、文化和环境领域可以深化合作。印度国内出现民族主义情绪,这是中印关系中的一个复杂因素,文章认为,在发展和对外关系上采取务实的态度将更有利于印度的发展,这包括与中国合作,甚至加入"一带一路"倡议,该倡议将为印度的发展带来大好前途。

本章中的第四篇文章《中印关系应面向未来》回应了上文的观点,这篇文章写于习近平主席对印度进行国事访问后的第4个月。这篇文章认为,要克服阻碍深化合作的双边"信任赤字",必须为中印关系打造一个新范式,既要解决棘手的争议,又要促进互利。

中国与中东

本章的这篇文章将探讨中国与中东不断发展的关系——《从叙利亚内战到也门再到能源，中国应在中东发挥更大作用》。这篇文章探讨了中国在该地区的参与度日益增加，尤其是在经济领域。中国是许多海湾阿拉伯国家合作委员会（海合会，GCC）成员国的主要贸易伙伴，中国的石油进口量超过任何其他国家，其中一半来自海湾地区。中国还在该地区进行投资。文章认为，随着经济参与度的不断提高，加上中国通常不介入地区竞争，并与中东所有国家保持良好关系，中国政府完全有能力帮助调解和探索解决方案，以解决中东地区持续存在的不稳定问题。

亚洲的两面性

本章最后一篇文章《亚洲的两面性：经济上依赖中国 VS 安全上依赖美国》一文发表于 2021 年 10 月，就在奥库斯安全联盟（AUKUS，澳大利亚、英国、美国）宣布成立和中国正式申请加入 CPTPP 之后不久——这两件事展现了这片广袤大陆截然不同的两面性。文章指出，中国对 CPTPP 的兴趣及其在推动 RCEP 达成上所起的关键作用，反映出中国希望成为"亚洲经济"的核心，并寻求加入贸易协定和塑造该地区的贸易架构。这与美国的做法形成了鲜明对比，美国似乎更倾向于通过结成狭隘的联盟来维护其在"亚洲安全"中的核心地位，而未能认真参与该地区的贸易。

亚洲世纪的曙光[①]

> 随着价值链和自由贸易协定将区域经济紧密联系在一起,亚洲正逐渐成为一个更具凝聚力的整体。通过与日本等邻国更紧密地合作,中国可以更好地推进这一一体化进程,并以此确保整个亚洲大陆的和平与繁荣。

亚洲的复兴是我们有生之年所见证的最重大的变化之一。按购买力平价计算,亚洲经济的规模自19世纪以来首次超过世界其他地区的总和。亚洲不仅越来越富裕,而且随着一体化程度的提高,也正在凝聚成一股促进全球治理的建设性力量。

亚洲的复兴恰逢其时。从气候变化和人口危机到技术颠覆和日益加剧的不平等,世界面临着无数需要通过多边方式才能解决的挑战。然而,由于缺乏全球领导力和共识,全球机构改革停滞不前,这造成了严重的治理赤字。

虽然亚洲从全球化中受益匪浅,但许多全球热点问题也发生在亚洲。幸运的是,越来越多的迹象表明,这个充满活力、多元化的大陆可以携手合作,共同提供一些解决方案。

更加一体化的亚洲

如果21世纪是亚洲世纪,那将是亚洲人在亚洲大陆上紧密合作建设出来的。

尽管亚洲的崛起令人瞩目,但复杂的地理环境和更为复杂的历史问题却常常令亚洲国家之间关系疏远。幸运的是,随着合作带来的互惠互利日益显现,各国也有了动力来克服这些障碍、深化地区一体化。

[①] 本文为2019年7月世界经济论坛约稿,2023年11月修订。

2019年，中国与印度、日本和韩国的交流以及中日韩三方峰会的重启都体现了这一点。亚太经济合作组织（APEC）、东盟和上海合作组织等区域合作平台的影响力也在不断扩大。

与全球贸易碎片化趋势相反，亚洲国家通过贸易、投资和旅游，在经济上日益一体化。以前，这种情况是从下到上发生的，并不像欧洲和北美那样有一个全面区域自由贸易协定推动一体化。

现在，亚洲已成为推动多边自由贸易的中心。TPP经过改革后成为CPTPP，在亚洲国家的领导下得以恢复推进。RCEP也已经签署。这些有生命力的协定将继续发展，并有望吸引新的成员，为亚洲经济一体化提供灵活、多元化的路径。例如，标准更高的CPTPP有助于为发达经济体的未来贸易制定标准，而标准较低的RCEP则为发展中国家参与自由贸易提供了途径。

基础设施倡议、贸易协定和其他平台与安排的结合，将促进泛亚地区在互联互通和贸易自由化方面的协调。相应的，这也有助于促进互利和深化一体化的良性循环。

一个更加一体化的亚洲社会，汇集了发达国家和发展中国家以及各种经济体系，也可以为重振全球层面的多边主义提供动力和模式。适应亚洲多样化情况的解决方案很可能对世界其他地区也有借鉴意义。

中国在亚洲和世界上的作用

作为亚洲区域经济的核心，中国无疑将在亚洲世纪中发挥核心作用。然而，亚洲世纪也是一个新兴的多极化世纪，在这个世纪中，没有任何一个国家可以单方面主导规范和规则。

中国的全球战略牢牢立足于这一现实，并认识到多边主义是应对跨国挑战和维持开放、包容的全球经济的唯一途径。因此，中国在亚洲和世界的角色不是霸权或修正主义大国，而是与其全球主要参与者的角色一致，肩负维护国际秩序、同时为全球治理提供创新解决方案的责任。这一角色的一个关键部分就是充当亚洲及亚洲以外地区一体化的催化剂。

在经济上，中国仍将是亚洲和世界经济增长的引擎，在新冠疫情发生后，这一点愈加凸显。然而，中国经济作用的性质将随着国内经济的再平衡而演变。

在上一阶段的全球化中，中国的出口带动了全球贸易，外资的进入帮助中国实现了经济的现代化。在全球化4.0阶段，随着中国跨国公司在亚洲乃至全球进行投资，中国的进口将发挥越来越大的作用。从现在到2030年，中国的消费增长预计将超过美国和西欧的总和。

由中国推动的商品、专业知识和资本流动将为当地社区和生产者创造机会，并有助于将第四次工业革命带到亚洲的各个角落。这与中国在"系统升级"中的作用息息相关，而"系统升级"是支持亚洲进一步一体化的必要条件。

亚洲仍然存在着阻碍发展和一体化的重大基础设施缺口。"一带一路"倡议为填补这些缺口提供了一个理想的工具，它就像一个风险投资基金，为有前景的项目提供种子资金并吸引更多资源。

世界银行2018年的一项研究估计，如果"一带一路"倡议下的交通运输项目得到全面落实，可使全球贸易额增长1.7%~6.2%，全球实际收入增长0.7%~2.9%，并在此过程中帮助760万人摆脱极端贫困。

为了切实发挥"一带一路"倡议的潜力，未来几年，该倡议将采用更加多边化的方式。这将使该倡议能够更好地广纳资源、专业知识和不同利益相关方的观点。

亚投行成立于2015年，目前有100多个成员，是"一带一路"倡议多边化的一个典型案例。推广亚投行模式并与其他多边机构合作，有助于消除人们对"一带一路"倡议过于以中国为中心的担忧，并让更多参与者成为重要的利益攸关方。

尽管前景广阔，但亚洲在 21 世纪的持续增长并非不用努力就能实现。中国及其邻国的领导人将不得不在前进的道路上应对诸多风险和挑战。新冠疫情大流行和气候变化等其他威胁突出表明，我们这个复杂多变的时代需要新形式的领导力和协作。现在和未来的领导人响应这一号召，将有助于确保亚洲世纪不仅为亚洲人，也为全世界人民带来丰硕成果。

中日关系新篇章有助于推动亚洲一体化[①]

中日两国在某些问题上虽有分歧，但深厚的文化渊源和共同利益远远超越了这些分歧。

在日本田中角荣纪念馆里，在记录这位日本前首相生平的大量文件和其他资料中，有一件特殊的文物常常吸引参观者的目光：毛泽东主席赠送给田中角荣的一套影印宋刻本《楚辞集注》。这份礼物旨在纪念 1972 年中日邦交正常化，体现了两国之间一千多年的深厚文化渊源。

此后，中日关系起起伏伏，但近年来取得了积极进展。2018 年是双方缔结《中日和平友好条约》40 周年，时任国务院总理李克强于 5 月访问日本，随后时任日本首相安倍晋三于 10 月访问北京。

2019 年，习近平主席以中国领导人身份首次访问日本，出席二十国集团大阪峰会。在此期间，日本在地区事务中更加积极主动，例如在特朗普总统退出 TPP（CPTPP 的前身）后，日本承担起推动达成 CPTPP 的重任。

通过合作，亚洲最大的两个经济体可以成为促进亚洲一体化的推动力。

[①] 原载于 China Focus，2019 年 6 月 29 日，2023 年 11 月修订。

在全球层面，一个建立在坚实的中日关系基础上的更具凝聚力的亚洲也能为自由贸易和全球治理提供急需的动力。

中日关系进入明显回暖期

在双向贸易和投资复苏、金融合作不断加强的背景下，中日两国恢复了高层外交往来。2018年两国签署了双边货币互换协议，2019年启动了连接上海和东京证券交易所的中日ETF互通计划。

与此同时，在新冠疫情暴发之前，中日两国深厚的文化联系再次显示出欣欣向荣的迹象。2019年，中国赴日游客人数从2012年的140万人次增至960万人次，创下新高。

那么，是什么原因促使中日关系从2018年到2019年开始出现转折呢？毫无疑问，地缘政治促成了这一关系的解冻。

当时，特朗普领导下的美国奉行"美国优先"的理念，对中国和日本发动贸易攻击，这增加了世界多边贸易体系的不确定性和挑战，并促使亚洲国家在维护自由贸易和多边主义时，将目光投向更近的本土国家。

此前，日本与美国的密切关系一直制约着中日关系和亚洲主导的区域一体化。在特朗普担任总统期间，美国实际上帮助中日两国走到了一起。

然而，这一时期的中日关系缓和远不止是为了便利。尽管两国关系在历史上错综复杂，但中日作为亚洲最大的经济体和自由贸易的共同支持者，有着深厚的文化渊源和共同利益，这远远超出了当前的地缘政治变化。

对美国来说，其在亚洲的活动是一种战略选择。对中国和日本来说，这是一个长期的地理现实。

自美国放弃TPP以来，日本已经摆脱了其从属地位，制定了一条更加独立的亚洲未来之路。这在日本在推动TPP上扮演的角色中体现得淋漓尽致，TPP于2018年年底以CPTPP的形式生效。

共同利益与合作机遇

不断变化的地缘政治局势和亚洲的崛起为中国和日本提供了一个搁置分歧和发展更牢固的关系的窗口——正如中国外交官杨洁篪在2019年所说的那样，这是一个"新的历史起点"。

亚洲最大的两个经济体携手合作，可以为亚洲一体化提供政治和经济动力。积极主动地培育共同利益有助于两国关系保持积极的发展方向。有几个方面需要优先考虑。

首先，中日两国可以通过二十国集团等平台，共同推动世贸组织亟须的改革。抓住服务业和数字经济等经济活动模式的变化，重振争端解决机制是十分有必要的。作为发展中国家和工业化国家的代表，中国和日本可以携手合作，帮助形成关于未来发展方向和路径的共识。

双方还应加大缔结区域贸易协定的力度。亚洲正在扭转全球贸易碎片化的趋势，并为贸易自由化提供动力。通过加快批准RCEP和达成中日韩自由贸易协定，北京和东京可以继续推进这一进程。

其次，中国将积极考虑加入CPTPP。这将使中国进入一个充满活力的市场——覆盖约10万亿美元的全球国民生产总值，并为深化中日经济关系奠定坚实的基础。由于美国的退出，CPTPP缺乏中国所能提供的规模巨大的消费市场，中国的加入符合经济逻辑，将使这一富有活力的协定对新成员更具吸引力。

加入这一高标准的贸易协定也将为中国下一阶段的改革开放提供外部动力，就像中国于2001年加入世贸组织一样。例如，CPTPP对服务业的重视恰好契合中国不断变化的经济结构，而其针对国有企业制定的原则也与中国发展民营经济和改革国有企业的目标十分吻合。

除了贸易自由化，阻碍亚洲经济一体化的另一个关键因素是基础设施。

博鳌亚洲论坛 2019 年发布的一份报告显示，亚洲的基础设施投资缺口仍然很大，到 2040 年将扩大至 2520 亿美元。

共同建设亚洲基础设施

有些人称中国和日本陷入了亚洲的"基础设施竞赛"。实际上，亚洲的基础设施需求远远超出了任何单个国家的供应能力。通过整合两国的专业知识和资源，中日可以帮助填补这一缺口。

随着"互联互通"工程中的各个项目建成完工，基础设施网络可以发挥积极的效应、展现价值。虽然单条高速公路用处不大，但经过协调的大规模投资可以释放"基础设施红利"，将亚洲大陆的各个角落连接起来。

如果日本加入亚投行，这将是双方合作迈出的一大步，此前东京方面已就此发出了一些积极的信号。双方去年签署的合作协议指出，中日两国企业在亚洲第三国的基础设施项目上也有很大的合作空间。此外，作为亚洲开发银行的两个最大股东，中国和日本也可以加强在亚洲开发银行的合作。

全球治理、区域贸易协定和基础设施建设只是中日两国可以加强合作的三个前景广阔的领域。通过加强政府间对话以及行业论坛和智库等非政府渠道的对话，两国可以探索和挖掘更多互惠互利的机会。

早在西方人来到世界的这一地区之前，大阪就已经是亚洲内部网络上一个蓬勃发展的枢纽，货物和思想在中国、日本和亚洲其他地区之间流动。在这座历史悠久的港口城市举行的二十国集团会议标志着新篇章的开启，亚洲领导人有机会在这段贸易和区域一体化历史的基础上再接再厉，既造福亚洲，也造福全世界。

中印能否克服边界问题造福亚洲[①]

中印两国如果能够学会合作，则会有许多共同利益。本文概述了深化双边合作的四个潜在领域。

每年冬去春来的时候，喜马拉雅山的冰川融水就会汇入恒河、印度河、黄河和长江等大型河流，为下游的中国、印度和其他亚洲国家的几十亿人口带来水、养分和能源。然而，科学家们警告，气候变化正在破坏喜马拉雅山的水循环，给整个南亚和东亚带来洪水和干旱风险。

历史上，喜马拉雅山曾是中印两国进行人员、贸易和思想交流的通道，也曾是阻隔两国的屏障。今天，喜马拉雅山的地理环境反映了仍然存在两国之间的交通障碍，同时也反映了两国之间深厚的历史联系和共同的命运。

中印双边关系将是 21 世纪最重要的双边关系之一，将对区域合作和全球化产生深远影响。印度总理纳伦德拉·莫迪在 2019 年 5 月的大选中取得压倒性胜利，其第二个任期获得印度人民的强力支持，这本可为深化中印关系、奠定亚洲共同体的基础提供一个窗口。然而，双边关系仍然面临重重困难，尤其是持续不断的边境冲突。

在莫迪的第一任期内，两国从论争转向合作。莫迪在某种程度上偏离了印度的不结盟传统，转而在中国和美国之间扮演平衡角色。中国和印度之间的关系也因此升温。自 2014 年以来，中国国家主席习近平与莫迪会面多达十几次。

2020 年，中国对印度的投资达到 20 亿美元，与莫迪在任的前 10 年间的 4 亿美元投资相比有了显著增长。印度加入了亚投行、金砖国家新开发银行

[①] 原载于《南华早报》，2019 年 5 月 31 日，2023 年 11 月修订。

和上海合作组织等中国提出的倡议。无论从项目数量还是贷款金额来看，印度都是亚投行最大的融资接受国。

在特朗普时代，莫迪在与中国发展关系的同时，也在安全合作方面与美国走得更近，并继续推行印度的"东看"政策，这在一定程度上显示了印度在该地区日益增长的影响力。然而，印度仍然对美国在亚洲的角色保持警惕，尤其是考虑到美国近来外交政策的不可预测性。

印度国内存在的民族主义情绪使得中印关系复杂化。尽管在莫迪的领导下，印度经济出现快速增长，但迄今为止，他一直在努力创造他承诺的就业机会。这种喜忧参半的经济表现使他在2019年的竞选中转向强调印度教至上的民族主义议程。

如果莫迪真想改善印度人民的生活，那么在第二任期内，他需要的将不仅仅是强人领袖形象。在获得压倒性的胜利后，他应缓和强硬的民族主义立场，在发展和对外关系方面采取更加务实的方法。这甚至可以包括与中国合作，接受可为印度发展带来广阔前景的"一带一路"倡议。

在向多极世界转变的过程中，中印两国都希望推动建立一个更加公平、更具代表性的全球治理体系。两国人口占世界总人口的35%，对全球经济增长的贡献率达45%。中印两国联合行动在重振多边主义和让发展中国家获得话语权方面可以发挥关键作用。

稳固的中印关系还将巩固亚洲的稳定，为建立一个更加一体化、更加合作的亚洲共同体铺平道路。在四个关键领域开展合作将有助于实现这一愿景。

首先，双方可以开展更多合作。两国可以将"一带一路"倡议中连接东西的中国—中亚—西亚经济走廊与印度参与的国际南北运输走廊连接起来。此外，连接中国、尼泊尔和印度的走廊将大大降低运输成本，促进贸易和贫困地区的发展。

中国和印度在经济上可以互补，特别是两国分别在制造业和服务业方面具有优势。通过深化贸易和投资合作可以释放这些协同效应。

中国企业在印度投资的增长将有助于解决印度对贸易赤字的担忧。中印两国还应推动世贸组织改革，推动达成 RCEP，这将带来经济收益并促进亚洲一体化。

其次，在文化方面，尽管两国交往历史悠久，但目前的联系却比预期的要薄弱。赴海外留学和旅游的中国人和印度人有数百万之多，但去往两国的只有一小部分，改进签证流程、创建人才和学术交流项目有助于建立两国人民的友谊。

其他对话渠道，如智库之间的交流，也可以促进相互理解。例如，2018年启动的"丝绸与香料之路对话"就汇集了来自政府、企业、智库和非政府组织的人士。

最后，回到喜马拉雅山面临的生态危机，中印两国应加强在环境保护和应对气候变化方面的合作。生态退化已经影响到人们的生活，并危及珍稀物种。

中印两国的合作对于应对这些环境挑战至关重要。例如，我们需要建立相关机制来更好地了解气候影响和管理水资源。在绿色金融方面开展合作可以促进环保投资。

在 21 世纪，中印关系对于应对气候变化、恐怖主义和全球化等问题至关重要。在莫迪的第二任期内，印度应努力搁置争议，与中国建立深厚、长期的关系。

就像喜马拉雅山在地理上分隔了中印一样，建立中印关系新模式的障碍也是巨大的。实际上，我们面临的许多区域和全球问题的利害关系甚至更大。

中印关系应面向未来[①]

虽然双方有着深厚的历史渊源，但要想为稳定的双边关系奠定基础，两国必须保持清醒的头脑，放眼未来。

过去几年，世界上人口最多的两个国家的双边关系出现了明显的波动。2020年6月，中印边界西段加勒万河谷地区发生的冲突事件给中印关系蒙上了阴影。

在此之前的一年，很少有人会料到两国关系会很快跌入几十年来的最低谷。在冲突发生之前，双方都为两国领导人之间"心心相印"的友谊而欢欣鼓舞。2019年10月，中国国家主席习近平和印度总理莫迪在马哈巴利普拉姆古寺庙群散步漫谈，寻求加强中印关系的路径。峰会召开前，当地景点进行了整修，道路重新铺设，大门重新粉刷。然而，在当时，要想掩盖两国关系上的裂痕，需要的显然不仅仅是粉刷一新。

自2017年以来，习近平和莫迪之间的接触在某些时期拉近了北京和新德里之间的距离。但是，如果要克服阻碍双边合作的"信任赤字"，现在双方还有许多工作要做。如果能做到这一点，从长远来看，中印两国有潜力帮助重振全球治理，并为亚洲一体化打造一个新的框架。如果做不到这一点，双方都将错失重大机遇。

2018—2019年，特朗普缺乏可预测性的"美国优先"政策给中印的决策者带来了挑战，破坏了有益于两国的自由主义国际秩序。然而，当时中印关系的缓和绝非一时的权宜之计。缓和双边关系也是因为我们认识到，我们生活在一个日益多极化的世纪，在这个世纪中，任何国家都无法单独主导全球

[①] 原载于《印度快报》，2019年10月11日，2023年11月修订。

规则或解决其面临的挑战。

亚洲将在这个世纪居于中心地位。按购买力平价计算，亚洲的经济规模将很快超过世界其他地区的总和。随着一体化程度的提高，亚洲不仅越来越富裕，而且正在凝聚成一股促进全球治理的建设性力量。虽然缺乏领导力和共识阻碍了全球机构进行迫切需要的改革，但亚洲已成为新多边倡议的中心。新的贸易协定如CPTPP和RCEP，以及新的机构如亚投行清楚地体现了这一点。

中国和印度注定要在"亚洲世纪"中发挥举足轻重的作用。两国在促进更加公平、更具包容性的全球化方面存在共同利益。两国人口占世界总人口的35%，对世界经济增长的贡献率达45%。中印两国联合起来，足以推动世贸组织、国际货币基金组织和联合国等机构的改革，让发展中国家获得更多话语权。坚实稳定的中印关系也将成为区域稳定的支柱，为亚洲的繁荣和一体化铺平道路。

加勒万河谷冲突事件反映了中印合作推动"亚洲世纪"发展所面临的挑战。特别是，悬而未决的边界问题和区域政治在两国之间留下了挥之不去的猜疑。要将这种"信任赤字"转化为"合作红利"，就必须为中印关系打造一个新的范式——既能化解棘手的争议，又能促进互惠互利。双方在经济、互联互通、文化和环保等领域有很大的深化合作空间。

中国和印度在经济上存在极强的互补性，两国分别在制造业和服务业方面具有优势。信息技术是另一个前景广阔的合作领域。腾讯一直是印度初创企业的主要投资者，小米也在印度投入了大量资金。中国在人工智能和量子通信领域的投资处于世界领先地位，而印度则在软件外包和IT咨询领域居于世界前列。

深化两国贸易和投资合作，可以进一步释放协同效应。

中印在互联互通上的合作将进一步推进这一一体化进程，有助于降低运输成本和促进贸易。印度对"一带一路"倡议持严重保留意见。然而，如果以开放、协商的方式进行，中印两国的互联互通倡议应该是互补的而非竞争性的。亚投行提供了一个有益的模式，印度是迄今为止这一银行的最大受益国。例如，成立"一带一路"倡议国际合作委员会将使包括印度在内的世界各国都能积极参与这一倡议，如果印度愿意的话。

除了商品和资本的流动，人员流动也是亚洲一体化的重要组成部分。亚洲国家间的跨境旅游和人才流动正在蓬勃发展。数百万在海外留学和旅游的中国和印度人中，只有很小一部分去往彼此的国家。要在两国人民之间建立友谊，还有更多工作要做，比如改进签证流程，创建人才和学术交流项目。

最后，中印两国还应在环境保护领域深化合作，这也是最重要的长期合作领域。作为世界上人口最多的两个国家，中印合作对于应对气候变化等环境挑战至关重要。中印两国生活在同一个大气层下，共享水资源和喜马拉雅生态，两国的命运紧密联系在一起。两国都面临着生态危机，但两国携手，可以为环境治理带来新的力量，促进实施能够平衡可持续性与发展的方案。

习近平与莫迪在马哈巴利普拉姆的会面上提到了中国与印度两个伟大文明之间的古老联系。在21世纪，中印两国的合作可以在重振多边主义和建设一个更加团结的亚洲方面发挥至关重要的作用。要实现这一目标，必须克服一些巨大的障碍。当然，潜在的收益会更大。

从叙利亚内战到也门再到能源，中国应在中东发挥更大作用[①]

世界上最大的石油生产公司——沙特阿美公司（Saudi Aramco）推迟了首次公开募股（IPO），这告诉我们全球石油市场正在发生怎样的变化。阿美石油公司股票于2019年12月首次上市，为沙特阿拉伯筹集了近260亿美元的资金，这家石油巨头的估值高达1.7万亿美元。然而，这一巨额估值仍远低于此前的预期，反映出该公司和整个中东地区面临的两大不确定性。

第一个不确定因素是地区安全。2019年9月，一架无人机袭击了阿美石油公司的设施，导致全球5%的石油生产瞬间中断，全球市场一片哗然。这提醒我们，在这个动荡不安和非对称威胁升级的时代，石油供应是多么脆弱。

第二个不确定因素是石油本身的未来。有限的供应，人们对气候变化更加关切，以及清洁燃料转型，都给未来的石油收入蒙上了阴影。事实上，阿美石油公司上市的原因之一就是筹集资金，帮助沙特经济为未来的后石油时代做好准备。

从许多方面来看，阿美石油公司的上市具有历史性意义，体现了一家公司乃至整个海湾地区所面临的前景和挑战。

长期以来，波斯湾丰富的能源使其成为大国竞争的舞台，也激起了这个地区复杂的宗教和民族矛盾。

海湾阿拉伯国家合作委员会（简称海合会）成立于1981年，旨在促进该地区的多边合作，但2017年爆发的卡塔尔外交危机暴露了其弱点。随着美国对石油进口需求的减少，美国在海湾地区的战略利益也随之缩小，其对该地区的政策突然转向，令人们认为美国对该地区的影响力度已被削弱。

到2019年，整个海湾地区的动荡加剧：沙特和伊朗一直争夺地区主导地

[①] 原载于《南华早报》，2019年11月13日，2023年11月修订。

位，它们在也门发生了代理人战争，卡塔尔被孤立，土耳其在叙利亚发动攻势。这些冲突最终必须在中东地区内解决，中东各国也在寻找能够伸出援手的外部参与者。

2019年10月26日至29日，慕尼黑安全会议在开罗和多哈举行，寻找避免中东局势恶化的解决方案成为核心小组会议的重要议程。在这些会议上，我感到国际社会越来越期待中国为调解该地区冲突做出更多贡献。

中国与该地区的关系一直在稳步发展。经济是这种关系的基础，中国是许多海合会成员国的主要贸易伙伴。海湾国家拥有世界石油储量的30%，而中国是世界上最大的石油进口国，其中一半石油进口来自海湾地区，卡塔尔是中国第三大天然气供应国。随着中国对能源需求的不断增长，这种贸易只会继续增长。

但中国与海湾地区的经济往来远不止于化石燃料。2017年，中国对海合会国家的投资达到600亿美元，超过美国成为该地区最大的投资国。根据"一带一路"倡议，这些投资大部分用于基础设施建设。截至2019年，已有18个阿拉伯国家签署了"一带一路"基础设施合作协议。

中国的做法与海湾国家的经济多元化计划［如沙特《2030愿景》(*Vision 2030*)］不谋而合。该地区虽然富裕，但目前在科研和技术发展方面却相对落后。中国公司在信息和通信技术、创新和基础设施方面具有优势，是推动这一计划的理想合作伙伴。事实上，沙特阿拉伯和阿拉伯联合酋长国都是《"一带一路"数字经济国际合作倡议》的参与国。

同时，"一带一路"计划也为中国及其合作伙伴促进区域合作提供了额外动力，因为这将有助于降低风险和项目成本，从长远来看，还能充分享受中东地区贸易、投资和互联互通提升所带来的互利共赢。

中国与该地区日益紧密的经济联系使其在该地区拥有巨大的利益和影响力，可以更加积极地帮助调解海湾地区合作伙伴之间的冲突。中国非常适合扮演这一角色还有其他原因。与其他大国不同，中国与该地区其他参与者也少有历史或文化牵扯。因此，中国完全有能力充当诚实的中间人，促成各方对话。

随着安全风险的增大，美国似乎不愿也无力充当稳定力量，中国正竭尽所能推动用多边方式解决该地区的冲突。这意味着中国并不是追求霸权，而是利用自己的地位促进对话，并在可能的情况下进行调解，同时促进该地区的发展和互联互通，以提升和平与合作的益处。

在探索协助调解冲突的解决方案方面，慕尼黑安全会议可资借鉴。在2019年的慕尼黑安全会议核心会议上，欧洲国家针对有助于该地区达成共识的关键问题组织了讨论。在此之前，卡塔尔与海湾邻国一起参加了2019年2月举行的首届欧盟—阿拉伯国家联盟峰会，在一定程度上缓解了紧张局势。中国可以借鉴这样的形式，创建新的平台，包括非政府渠道和1.5轨外交渠道，帮助打破海湾国家之间的僵局。

在中东这样一个复杂的局势中，这并非易事。地区大国传统上都是通过利用地方竞争而非超越地方竞争来发挥影响力。但是，如果中国能够以全新的方式提供一些力所能及的帮助，那就应该这样做。

亚洲的两面性：经济上依赖中国 VS 安全上依赖美国 [1]

> 美国希望通过结成狭隘的联盟来维护其在"亚洲安全"中的中心地位，与此同时，美国在亚洲的经济参与度正在降低。

2012年，《外交政策》杂志刊登了一篇文章《亚洲的两面性》(A Tale of Two Asias)，作者是两位美国分析家。文章描述了亚洲大陆截然不同的两面。

一面是"经济层面的亚洲"：一个充满活力、一体化的地区，目前经济总量超过30万亿美元，是地球上最具活力的地区，也是全球经济增长的引擎。另一面是"安全层面的亚洲"：一个因缺乏信任、民族主义、历史对立和领土争端而四分五裂且日益军事化的地区。

这是一个粗略的二分法，但时至今日似乎仍具有启发意义。

尽管新冠疫情肆虐，但从许多方面来看，这几年"经济层面的亚洲"发展势头良好。由于全球贸易停滞不前，亚洲大陆已成为新多边倡议的中心，接过了自由贸易的接力棒。

区域内贸易在亚洲贸易总额中所占比重已增至约60%，与欧洲相当。2020年，东盟首次超过欧盟成为中国第一大贸易伙伴。

然而，"安全层面的亚洲"的幽灵从未远离，时不时威胁着曾帮助该地区摆脱动荡历史的经济发展。韩国和日本之间持续不断的争吵阻碍了东亚地区的经济合作，包括中日韩自由贸易协定的谈判。

近几年发生的事情再次向我们展示了亚洲的两面性。由美国、日本、印度和澳大利亚组成的安全核心联盟"四国集团"举行了首次首脑峰会，这些国家还加强了在印度洋的联合海军演习。

---

[1] 原载于《南华早报》，2021年10月9日，2023年11月修订。

11月22日,"奥库斯"安全伙伴关系宣布成立,尽管该联盟中没有亚洲成员,但显然非常关注亚洲。

中国于2021年9月16日正式申请加入由11个成员组成的CPTPP,该协议与RCEP都是亚洲经济一体化的新亮点。

这些截然不同的举动显示了中美两国在战略上是如何专注于亚洲的两个不同侧面的。

简而言之,中国希望成为"亚洲经济"的核心,积极加入自由贸易协定,塑造该地区的贸易架构,同时通过"一带一路"倡议建设基础设施,支持贸易和投资。

与此相反,美国则不再强调商业政策,尤其是退出了CPTPP的前身——TPP,转而通过结成狭隘的联盟来巩固其一连串岛屿基地,从而维护其在"亚洲安全"中的核心地位。

同时,相对而言,美国在亚洲的经济参与度正在降低,对大多数亚洲国家而言,与美国的贸易在贸易总额中所占的份额正在减少。

正如《亚洲的两面性》一文的作者所指出的那样,在亚洲大陆,经济与安全并非并行不悖——事实上,两者似乎经常发生冲突。但是,如果说这两个方面之间存在紧张关系,那么"经济层面的亚洲"无疑更有希望实现持久稳定与繁荣。

在经历了两次世界大战的破坏之后,欧洲人认识到有必要将欧洲各国的市场绑在一起,通过提高经济相互依存来降低发生战争的风险。经济一体化为亚洲带来了类似的希望。

然而,这一进程的动力在亚洲总是以不同的方式发挥作用:复杂的供应链在扩张中将不同国家联系在一起,一体化更多是由市场而不是政府推动的。

亚洲内部在发展、政治制度和社会结构方面的差异也比欧洲大得多。因此，在缺乏强有力的区域机构的情况下，CPTPP 和 RCEP 等灵活的经济联盟比欧盟等僵化的政治和法律结构更适合逐步将亚洲团结在一起。

扩容后的 CPTPP 将成为建立一个统一繁荣的"亚洲经济"愿景的巨大推动力，将亚洲大陆更多地区纳入一套以多边共识为基础的正式规则之下，并支持增长和稳定。

根据彼得森国际经济研究所的预测，中国的加入将使 CPTPP 全球范围内的收益翻两番。许多成员国的收益将超过其国内生产总值的 1%——这种刺激对于漫长的疫后复苏来说是值得兴奋的。

更坦白地说，中国申请加入将有助于缓解该地区的地缘政治紧张局势。这一举措开辟了与现有成员对话的新渠道，并向澳大利亚、加拿大和日本等有关各方发出信号，表明中国致力于开放，并将重点放在经济而非安全问题上。

目前，美国的政策似乎与"亚洲安全"紧密相连。拜登重申，他不支持美国重新加入太平洋贸易协定——无论如何，美国国会仍然反对这一协定。

没有参与贸易是美国亚洲战略的一个明显漏洞。但是，如果有一天华盛顿的风向发生了变化，加入 CPTPP 的谈判甚至有可能成为调和中美经济分歧的工具。

无论如何，中国加入 CPTPP 将使中国接轨高标准的全球贸易准则，有助于减少大国之间的摩擦。

中国正式申请加入 CPTPP 是亚洲国家在积极道路上迈出的重要一步。在这个关于亚洲两面性的故事中，只有经济向上发展才能带来美好的结局。

第八章
中欧关系

让我们将目光从亚洲转向欧亚大陆的另一端,本章是第二部分的最后一章,着重探讨中国与欧盟的关系。

第一篇文章《超越"我们与他们":大变局时代的中欧关系》,从多个角度讨论了北京和布鲁塞尔(比利时首都,欧盟总部所在地)之间愈加深化和多层次的关系。这篇文章写于欧盟在不断变化的地缘政治背景下重新评估中欧关系之际。文章指出,尽管北京和布鲁塞尔可能不会在每个问题上都意见一致,但它们的根本利益远远超过分歧,并且在许多全球性问题上有很大的加强合作的空间。

第二篇文章题为《中欧可在数字经济领域加强合作》,重点讨论双方可以合作的这个特定领域。数据对世界经济的重要性不亚于20世纪的石油,它改变和创造了整个行业,催生了无数的产品和服务。然而,数字经济的兴起也令数据隐私问题和数据安全风险更加显著。文章指出,中国在数字应用和创新方面处于领先地位,而欧盟在对新兴行业进行渐进式监管方面经验丰富,双方完全可以联手加强这方面的工作。

中欧投资协定

长期以来,经济关系一直是中欧关系的基石。过去几十年来,欧盟企业在中国设立了大量分支机构,欧洲近年来也日益成为中国对外投资的热门目的地。2020年年底，中欧双方完成了《中欧全面投资协定》谈判，这提振了中欧投资前景。《中国对愿意入乡随俗的欧洲企业来说是充满机遇的国度》一文首发于完成谈判的最后阶段，重点介绍了在《中欧全面投资协定》的推动下，欧盟企业如何在中国发展的下一篇章中发挥关键作用，但如果要充分利用这些机遇，欧盟企业必须灵活应对。

文章《〈中欧全面投资协定〉是中国全球化的里程碑，有助于建立世界经济新秩序》写于2020年12月《中欧全面投资协定》谈判结束后不久。文章强调了《中欧全面投资协定》在许多方面是一项突破性协定，是中国对外开放的又一举措。特别是，《中欧全面投资协定》承诺中国将在服务业和非服务业的所有领域实行外商投资负面清单制度。它还体现了中欧双方在国有企业、补贴透明度、技术转让、标准制定、机构准入、行政执法和金融监管等方面的共识。通过制定这些规则和机制，《中欧全面投资协定》为中欧和中美今后的合作树立了典范。人们希望该协议将有利于欧盟在中美关系中发挥更大的稳定作用。

德国可以在中欧美关系中发挥调停作用

下一篇文章继续探讨欧洲的稳定作用，聚焦于一个一直处于欧洲与中国关系前沿的国家：德国。《德国的调停者角色》展望了柏林在后默克尔时代的国际角色，呼吁德国更加积极主动地与中国合作，重振多边主义，并发挥其作为中欧美三方机制的一部分的调解潜力。本章最后一篇文章《回望和超越默克尔时代》也聚焦这一主题。该文写于默克尔总理16年任期结束前不久，回顾了默克尔时代的遗产及其在中国人民心目中的形象。

超越"我们与他们":大变局时代的中欧关系[①]

本文讨论了不断发展的中欧关系,并简要介绍了双方可以深化合作的领域。

最近发生的事件——中美贸易摩擦、拜登赢得大选以及中欧关系的波动等——凸显了中欧美关系不断演变的态势。欧盟似乎越来越有必要思考其在这一三角关系中的地位,并重新评估其对中国和美国的立场。

此前,一些人试图将美国反对华为、意大利支持"一带一路"倡议等事态发展形容成欧洲成为中美竞争新舞台的证据。然而,中国、欧盟和美国之间错综复杂的多层次关系并不能简单地归结为"我们"和"他们"的二元对立。

欧盟最近对中国的战略调整已经引起了广泛的关注。然而,双方的共同利益远远大于分歧。在国际秩序面临压力、需要重振的时候,在我们面临诸多跨国挑战的时候,中欧携手合作比以往任何时候都更加重要。事实上,在一个日益多极化的世界中,中欧合作可以发挥关键性作用,为破解全球治理中的僵局、合作解决我们面临的共同挑战提供足够的力量。

本文首先简要介绍了当前的地缘政治背景以及中欧关系在外交、经济和文化领域的深化,随后概述了中欧美"三角关系"以及影响欧洲对华看法的因素。最后,文章强调了中欧可以深化合作的领域,这些领域有助于充分发挥全面战略伙伴关系的潜力。

适应不断变化的世界

中国、欧洲和美国关系性质的变化是在全球经济和地缘政治发生重大变

[①] 原载于 Limes 杂志,2019 年 7 月 5 日,2023 年 11 月修订。

化的大背景下发生的。

过去几十年里,技术和全球化在许多经合组织国家的蓝领工人中引发了一波又一波的不满情绪。一些机会主义政客非但不去补偿全球化的失败者,反而将矛头指向了自由贸易,特别是中国。这导致了反全球化情绪的高涨。

与此同时,以中国为首的新兴经济体的崛起重构了全球经济和世界权力平衡。这个日益多极化的世界表明,以美国为首的七国集团的影响力正在相对下降。

这些全球变化以及与之交织在一起的国内变化带来了新的现实和挑战,所有国家和集团都必须做出调整。尤其是国际影响力的三极——美国、中国和欧盟——正在重新调整它们在世界上的角色定位和相互之间的关系。

在前总统特朗普的领导下,美国选择了"美国优先"的道路。这使华盛顿破坏了其帮助建立的国际秩序,质疑包括与欧洲国家在内的传统联盟,并采取保护主义立场,对中国、欧盟和其他国家征收关税。

与此同时,在美国,一种融合了国家安全、经济、地缘政治和科技的更为强硬的观点占据了上风。这一点在美国在国内外打击华为的行动中体现得淋漓尽致。

虽然在拜登总统的领导下,这种"美国优先"的趋向看起来有所改变,但很明显,美国对其在世界上的角色——尤其是面对中国时所扮演的角色——的观点,也发生了根本性的转变。

美国转向保护主义和单边主义,极大地改变了中国和欧盟所处的外部环境,而中国和欧盟仍然致力于发展全球化。

对中国政府而言,美国发起贸易敌对行动并破坏多边主义的时机,正是中国努力发展高质量经济、与世界其他地区深度融合之际。多边体系为中国的崛起做出了巨大贡献,中国在全力维护多边体系的同时,也有必要更新和重振全球治理结构。然而,加强和补充该体系的尝试往往会遭到仍在适应中国崛起的老牌大国的怀疑和抵制。

与中国一样,在特朗普时代,欧盟也不得不应对美国的贸易攻击,以及美国在气候变化和伊朗等问题上对既有秩序和共识的背离。现在,欧盟仍在调整与拜登领导下的美国的关系。

与此同时,与美国一样,许多欧洲国家也经历了反全球化情绪的上升。除了潜在的结构性问题,这也助长了欧盟内部的离心力,并影响了人们对中国经济崛起的看法。

在这个充满变化和不确定性的时期,美国、中国和欧盟自然都在重新评估自己在世界上的角色定位以及与其他大国的关系。

中欧关系更加广泛和深化

在上述地缘政治变化发生的同时,中欧关系也在经历长期地深化和拓展。

中国高度重视与欧盟及其成员国的关系。这一点从中国政府近年来对欧洲投入的外交精力中可见一斑,在新冠疫情来袭之前,中国高层频繁访问欧洲。2018年7月中欧峰会后,时任总理李克强同月访问保加利亚和德国,10月又访问荷兰和比利时。随后,习近平主席于11月对西班牙和葡萄牙进行了国事访问。2019年,习主席将意大利作为当年的首次出访目的地,随后又访问了摩纳哥和法国。此后不久,时任总理李克强再次访问欧洲,出席中欧峰会,并就双边关系和未来合作路线图成功达成共识。峰会结束后,时任总理李克强前往克罗地亚参加中国—中东欧国家(CEEC)第八次领导人会晤。

中国与欧盟外交接触的广泛性和一致性反映并加强了中欧关系的多面性。

经济关系仍然是中欧关系的基石。2020年,中欧贸易额增长了5.3%,接近6000亿欧元,中国超过美国成为欧盟最大的贸易伙伴。习近平主席上一次欧盟之行达成了一系列贸易协议,包括价值300多亿美元的空客飞机订单。欧洲与中国在服务业贸易方面保持着良性的顺差。中国经济增长强劲,人口众多，中等收入群体规模不断壮大，对欧洲高质量产品的需求量很大。这些趋势为欧洲当地农民和生产商带来了巨大机遇。

双边投资也十分强劲。德国化工巨头巴斯夫在广东投资 100 亿美元，这是迄今为止外商在中国的最大规模投资。持续不断的大型投资反映了欧洲投资者对中国市场的巨大潜力保持乐观态度。

投资当然是双向的，中国企业也持续在欧洲投资。2019 年，中国企业在欧盟投资 134 亿美元。2020 年年底完成谈判的《中欧全面投资协定》，为中欧双向投资带来了良好的前景，尽管欧盟议会是否会批准该协定仍存在一些不确定性。

不断深化的经济关系不可避免地涉及一些竞争，这在欧洲也引发了一些质疑。2020 年，中国实施的《外商投资法》，解决了其中一些关键问题。其中包括加强法律执行力度，禁止强制技术转让，并在"竞争中立"原则下平衡国有企业和民营企业的待遇。欧盟企业将成为中国加快对外开放的主要受益者，例如宝马公司是中国汽车制造业的首个大股东。

除经济外，民间交流是中欧关系的第二大支柱。欧亚大陆两端的文化交流有着悠久的传统，如今，越来越多的学生、商务人士和游客往来于中国与欧洲大陆之间。这些积极的互动加强了文化交流和相互理解。

中美在欧洲的角色对比

中国最近在欧洲签署了一系列协议并开展了一系列活动，与此同时，美国也进行干预，试图向欧盟成员国施压，要求它们在与中国和中国公司打交道时"要么与我们合作，要么与我们作对"。

这包括美国批评意大利支持"一带一路"倡议，并试图胁迫其他欧盟成员国禁用华为的 5G 技术。这些干预措施与 2015 年美国反对英国加入亚投行的做法如出一辙。

一些人士认为，这些行动表明，欧洲正成为中美竞争的舞台，甚至猜测是否会出现两个不同的势力范围，持这种观点的人显然没有意识到三大集团之间关系的重要现实。

首先，欧盟与中国与美国和中国的关系存在根本差异。虽然美国前总统特朗普的单边主义姿态导致美国与欧盟的关系出现裂痕，但拜登政府正试图修复这些裂痕，通过北约和美国在欧洲持续的军事存在，美欧双方保持着深厚、长期的安全战略关系。

中国不能也没有兴趣干预这种安全关系。相反，中国与欧盟的关系主要建立在经济和共同利益的基础上，即提供关键的全球公共产品以及促进多边主义。

其次，将中欧美关系定格为中国和美国争夺对欧洲影响力的"战略三角"，暗示了参与者之间是零和博弈关系。这种框架曾被应用在冷战时期的中苏美关系上。然而，它并不能准确描述21世纪的中国、欧盟和美国之间的关系，因为这三者之间关系紧密，并且有许多利益重叠。

欧洲国家经历过冷战时期的分裂，深知划分阵营和采取"我们与他们"的二分法心态会带来危险和两败俱伤的结果。欧盟及其成员国是强大、独立的参与者，不会受到任何一方的过分胁迫。他们睁大眼睛，按照自己的意愿达成协议。

虽然欧盟内部对中国的看法各不相同，但这在一定程度上反映了不同的国情和欧盟内部更广泛的结构性紧张关系。

长期以来，欧盟内部的主流声音一直呼吁对中国采取统一立场，并对其他成员国通过双边或16+1机制等平台在与中国打交道时行使代理权表示不满。然而，此类双边和多边论坛可以为欧盟与中国的互动提供有益补充。值得注意的是，对这些渠道提出质疑的欧盟成员国也承认与中国开展双边对话的价值，并将继续这样做。

与此同时，占主导地位的欧盟北部成员国施加的财政限制，给欧洲其他地区的经济带来了下行压力。因此，这些地区和国家自然对外部合作持开放态度，因为这些合作可以为基础设施和其他促进增长和创造就业的因素提供急需的投资。

欧盟在面临内外挑战之际，应该寻求保持一种灵活、独立和前瞻性的方式与中国合作。

就中国而言，应努力通过互利合作进一步加强双方关系，并积极主动与欧盟建立互信，解决欧盟的关切问题。最近成立的中国欧盟商会将促进与欧洲利益相关方的商业对话和接触，这是在这方面迈出的有益一步。

在日益多极化的世界中，中国完全支持并需要一个团结、强大的欧盟作为宝贵的合作伙伴和积极力量。在美国长期退出全球领导地位，而我们又面临着只有通过国际合作才能应对的重大挑战时，更是如此。

进一步深化中欧全面战略伙伴关系

通过合作，中国和欧盟可以为打破全球治理僵局、实现共同目标提供足够的支持。

为了充分发挥这一潜力，我们应该承认，鉴于中欧关系的广度和深度，双方有时难免会存在竞争和分歧。然而，我们的共同利益远远大于这些分歧。

这体现在欧盟的对华立场的变化上。在2019年发布的新对华战略中，欧盟大肆谈论竞争和对抗。人们较少关注的是，该战略也同样将中国视为合作与谈判的伙伴。事实上，文件中提出的10项行动要点，大多反映了双方共同利益以及中欧合作应对世界挑战的必要性。

在刚刚结束的中欧领导人会晤上[①]，双方承诺在下次会晤前制定新的合作

[①] 这里指2019年4月举行的第二十一次中国－欧盟领导人会晤。——编者注

议程，这是重新评估机遇、规划路线图，充分发挥中欧战略伙伴关系潜力的契机。

中欧尤其可以通过在以下领域的合作，发挥巨大的协同效应，引领构建开放包容的全球经济。

首先，中国和欧盟应共同致力于重振世贸组织。这个支撑全球贸易的重要机构需要与时俱进，以应对全球化4.0的关键方面，如服务业和数字经济的兴起。特别是，世贸组织上诉机构仍处于瘫痪状态，需要彻底改革。

迄今为止，由于发达国家和发展中国家之间的分歧，世贸组织的改革进程停滞不前。在2018年成立的中欧世贸组织改革工作组的基础上，中国和欧盟可以协调和鼓励这两个团体采取行动。

其次是可持续性。在全球气候危机比以往任何时候都更加显著的时刻，中国和欧盟带头帮助世界向清洁未来转型就显得尤为重要。

从智能电网到污染减排技术和城市规划，欧洲企业为中国的绿色发展做出了宝贵贡献。将欧盟在环境保护方面的经验和整体方法与中国作为低碳解决方案供应商的优势相结合，可以发挥双方协同作用。在习近平主席2019年的欧盟之行期间，中国建材集团与法国法孚工业工程集团（Fives Group）签署了一项协议，将在发展中国家开展节能合作，这说明双方在这一领域具有合作潜力。

该协议还证明中欧之间还有第三个具有前景的合作领域，即在第三方市场开展合作。特别是在非洲，双方可以优势互补，造福彼此和当地社区。

加强中欧合作的最后一个领域是互联互通。尽管欧洲有些人持保留意见，但"一带一路"倡议与欧盟"欧亚互联互通"战略以及泛欧交通运输网络之间存在着巨大的潜在协同效应。令人鼓舞的是，最近的联合公报正式确认了这一点，并承诺在中欧互联互通平台框架下开展合作。将"一带一路"倡议视为战略机遇而非威胁，可为双方带来重大利益，中国欢迎欧洲参与其中，帮助确保"一带一路"倡议为所有人带来包容性和可持续的增长。

意大利只是正式支持将"一带一路"倡议作为互联互通合作载体的众多欧盟国家之一。西门子、施耐德电气和敦豪（DHL）等众多欧洲企业都参与了这一倡议，敦豪还建立了连接中国和欧洲城市的多式联运物流网络。

这些只是中欧合作中部分前景广阔的领域，不仅能使双方受益，还能惠及世界其他地区。

从历史走向共同的未来

数千年来，欧洲和中国之间的联系在技术和思想的传播以及塑造历史方面发挥了重要作用。

这段悠久而丰富的历史塑造了欧洲和中国，但并没有束缚它们。正如欧洲必须适应和重塑自己一样，中国也在新世界中寻找自己的道路。

中国在一个剧烈变化的多极世界中摸索大国之路，并期望通过"一带一路"倡议与其他国家建立联系。我们希望欧盟和其他国家能够参与到中国的复兴中来，确保"一带一路"倡议能够惠及欧洲、中国和其他国家。如果欧盟将"一带一路"倡议视为战略威胁，那么这可能会成为一个自我实现的预言，最终损害中国、欧盟和其他国家的利益。

如今，有些人喜欢用冷战来类比中国和美国在欧洲扮演的角色。然而，21世纪世界复杂而相互关联的现实超越了这种简单的二分法。设置壁垒和选边站只会导致孤立和停滞。

欧洲必须面对并适应新秩序。尽管美国未来可能会重新调整其联盟或放弃"美国优先"战略，但这并不能让时光倒流，也无法挽回已经发生的权力转移的局面。因此，作为多极化世界中一个协调一致的集团，欧盟应坚持独立自主，并根据自身利益和原则做出决策。

沿着这条道路并保持开放的合作态度，欧盟和中国不仅能获得重大利益，还能帮助世界走上一条更加包容、更可持续的和平与繁荣之路。

中欧可在数字经济领域加强合作[①]

中国在数字技术领域居于领先地位，而欧盟则是新的数据治理监管方式的先行者。通过合作，两者可以利用新的增长源，并帮助建立一个管理跨国数据流动的共同框架。

数字经济的崛起带来了诸多益处，但也带来了挑战，要应对这些挑战需要国际合作。数字经济是21世纪增长和创新的驱动力。中国和欧盟优势互补，完全有能力共同推进和管理数字经济。

数字经济对经济增长和创新的推动力量在中国体现得尤为明显，2020年，数字经济产值达到39.2万亿元人民币，占国内生产总值的38.6%。全球化智库和韩礼士基金会联合发布的一份报告显示，数字出口是中国出口中的第二大类别。报告还预计，到2030年，数字贸易将推动中国数字出口增长207%，达到5万亿元人民币。

数据对世界经济的重要性不亚于20世纪的石油，它改变并创造了整个行业，催生了无数产品和服务。云计算、大数据和物联网等技术带来了连接人、物和地点的新方式，其影响只会越来越大。

然而，数字经济的兴起也令数据隐私和数据安全风险更加显著。虽然数据流通可以创造财富，但如果没有得到充分保护，同样的数据也可能为犯罪和非法活动提供机会。

[①] 原载于《中国日报》，2019年10月15日，2023年11月修订。

鉴于信息网络的全球性以及数据以闪电般的速度在世界各地流动，中国需要进行国际合作以有效减轻这些风险。

中国在数字应用和创新方面处于领先地位，而欧盟在对新兴行业进行渐进式监管方面拥有丰富的经验，双方完全可以携手推动这方面的发展和监管。此外，与美国不同，中国和欧盟在数字监管和促进全球治理方面都持有积极态度。

当前的挑战和机遇显示出中欧可以合作的潜在领域。例如，2018年脸书的数据泄露事件影响了5000多万用户，引发了一场关于社交媒体平台数据隐私的辩论。2018年，欧盟《通用数据保护条例》（*General Data Protection Regulations*）生效，这是迄今为止解决数据隐私问题最雄心勃勃的尝试之一。《通用数据保护条例》体现了欧盟在制定监管框架方面的丰富经验，这也是中国正在努力的方向。但《通用数据保护条例》在某些领域的规定仍然复杂且定义不清，导致其实际执行存在不确定性。

欧盟在数字单一市场战略中提出了"三大支柱"，即为个人和企业提供更好的数字产品和服务，为数字网络和服务发展创造良好环境，最大限度地发挥数字经济增长潜力。

这与中国目前解决数据安全、市场监管和区域发展不平衡等问题的努力不谋而合。此外，虽然中国企业在电子商务和金融科技等数字产业领域拥有领先能力，在全球前20强科技企业中占近一半席位，而欧洲没有一家企业上榜，但欧洲在先进制造业领域却拥有优势。

中欧双方应利用这些互补优势，加强对话与合作，鼓励双方企业在相关领域开展合作，在加强市场监管的同时，推动产业数字化，挖掘数字经济潜力。双方还应利用二十国集团、世贸组织等国际平台，推动该领域的全球治理。

在数字经济领域需要开展多边合作已越来越成为国际共识。中国和欧盟作为该领域的先行者，完全有能力加大力度，为重振多边合作注入新的活力。

中国对愿意入乡随俗的欧洲企业来说是充满机遇的国度[1]

过去40多年来，欧洲跨国企业在中国取得了巨大成功，它们完全有能力开拓中国前景广阔的增长市场。未来《中欧全面投资协定》如能获得批准实施，将给欧洲企业带来更多机遇。然而，欧盟企业也面临着激烈的竞争，如果它们想抓住这些机遇，就必须提高自己的实力。

2020年年底，中欧双方完成了《中欧全面投资协定》谈判，这极大地提升了中欧经济合作的前景。在首席执行官们重新评估中国在其全球战略中的作用之际，该协议一旦获得欧盟议会批准，将极大地增强欧盟投资者的信心。与"脱钩"的说法相反，中国仍然是欧洲企业至关重要的增长市场。许多欧洲企业都选择加倍加大对中国的投入。在中国欧盟商会2020年的一项调查中，超过60%的受访者表示，中国仍是排名前三的投资目的地。

这种乐观态度是有充分理由支撑的，尤其是中国强劲的增长前景和拥有10多亿消费者的巨大市场。正如商会会长伍德克（Jörg Wuttke）在全球化智库主办的"2020年中国企业全球化论坛"上指出的那样，预计未来10年，中国将占全球经济增长的30%。

得益于对疫情的有效管控，中国是2020年全球唯一实现增长的主要经济体。在未来几年，收入的增加和扶持政策将刺激国内消费。"十四五"规划

---

[1] 原载于《南华早报》，2020年9月24日，2023年11月修订。

（2021—2025 年）旨在使中国经济向以高质量消费、创新和更广泛的提高生活质量的方向转型。中国的政策目标和结构调整意味着增长将越来越多地来自欧盟企业擅长的领域。

另一个目标是增强抵御外部不确定性的能力。为实现这一目标而制订的计划已具体化为"双循环"战略，即在促进自给自足的同时，以多元化的方式融入全球市场。尽管有一些猜测与此相反，但在这一框架下跨国企业将发挥重要作用，作为传播技术和专业知识的渠道，促进产业转型和稳定供应链。欧盟企业完全有能力满足这一需求，尤其是在中美关系持续紧张的情况下。

正如中国领导人一再申明的那样，双循环绝不是预示着中国经济的封闭，而是需要在吸引投资、发展对外贸易和提升对外开放水平方面做更多工作。欧盟企业有望从这一市场开放中获益。2020 年，金融业开放使法国安盛集团（AXA）成为中国最大的外商独资财产保险公司。德国安联集团（Allianz）是中国第一家完全由外资控股的保险公司。

取消股权比例上限让欧洲汽车制造商获益匪浅，宝马汽车公司和大众汽车公司将完全控股合资企业。但在对外开放方面仍有许多工作要做。中国强劲的增长基础、结构调整和对外开放为欧盟企业带来了巨大机遇，但它们必须灵活应变，才能充分利用这些机会。

首先，必须清楚了解政府的发展计划。欧盟企业不应将中国的产业转型视为威胁，而应认清其带来的机遇，并据此调整企业战略。例如，欧盟企业可以利用消费领域的增长，将自己定位为中国创新和产业升级的合作伙伴，从而加入双循环。

欧洲企业高管还应考虑如何配合国内制造业从"中国制造"向"为中国制造"调整，即从出口导向型战略转向根据本地需求、偏好和标准量身定制产品。扩大在中国的足迹或找到与客户联系更紧密的合作方式，有助于欧盟企业适应中国的地区多样性和快速变化的市场环境。

其次，欧盟企业需要将目光从一线城市转向低线城市和中国中西部地区的高增长市场，在这些地区，外国投资者也可以享受优惠政策。开拓这些增长型市场可能需要新的商业模式和销售与分销系统。

最后，欧盟企业应与中国企业和其他当地利益相关者建立长期战略联盟。过去的合资企业往往是权宜之计，与过去不同的是，如今的伙伴关系可以产生重要的协同效应，增强双方在国内外的竞争实力。例如，先进制造商可以与中国的科技巨头合作，因为中国科技巨头对本土的实际情况有着深入的了解，并拥有开拓新市场的网络影响力。巴斯夫通过其在上海的创新园区深化了与当地合作伙伴的合作，为汽车、建筑和消费行业开发定制解决方案。在更远的地方，中国和欧洲企业在"一带一路"倡议下的第三方市场具有更大的合作空间。

欧盟企业将在中国发展的下一个篇章中发挥关键作用。《中欧全面投资协定》将强化这一点，并促进中国在欧盟的投资，如今欧盟正从全球疫情中复苏。批准该协议还需要最后的努力，但有志者事竟成。

《中欧全面投资协定》是中国全球化的里程碑，有助于建立世界经济新秩序[①]

本文探讨了 2020 年年底完成谈判的《中欧全面投资协定》的意义。

经过 35 轮谈判，中国和欧盟终于在 2020 年 12 月宣布完成《中欧全面投资协定》谈判。在充满不确定性的一年里，该协议反映了中国推动经济进一

---

① 原载于《南华早报》，2021 年 1 月 7 日，2023 年 11 月修订。

步开放的决心，也为全球自由贸易和多边主义注入了活力。

欧盟委员会2019年3月发布的《中欧战略展望》报告指出，双方在多边主义、可持续发展和应对气候变化方面有着共同利益。

在这份报告中，欧盟将中国定义为"合作伙伴"，同时也是"经济竞争者"和"系统性竞争对手"。由于中欧关系是欧盟长期发展的基础，欧盟应该寻求用务实的方式来解决问题，而不是对抗。

2020年，中欧贸易逆势增长5.3%，达到近6000亿欧元，中国首次成为欧盟第一大贸易伙伴。在英国脱欧前，欧盟连续16年保持中国第一大贸易伙伴地位。这些迹象表明，中欧合作有着坚实的基础和巨大的潜力。

《中欧全面投资协定》与高水平的国际经贸规则保持一致，注重制度开放。它所涵盖的领域远远超出了传统的双边投资协定，包括市场准入承诺、公平竞争规则、可持续发展和争端解决等。

在市场准入方面，协定采用了"准入前国民待遇"和"负面清单"模式。准入前国民待遇是指在企业设立、取得、扩大等阶段给予外国投资者及其投资不低于本国投资者及其投资的待遇。

中国首次承诺在服务业和非服务业的所有领域实行负面清单制度，即列出禁止外商投资的行业，除非投资者满足某些条件。这与2020年实施的《外商投资法》相一致，后者规定了实施外商投资负面清单制度。从事制造业、建筑业、运输业、金融业、电信业、计算机业、咨询业和医疗保健业的欧洲企业将享受更有利的市场准入。

在公平竞争方面，中欧在国有企业、补贴透明度、技术转让、标准制定机构准入、行政执法和金融监管等方面达成共识。

在可持续发展方面，协定对环境和劳工问题做出了具体规定。中国将努力批准国际劳工组织尚未批准的公约，并有效执行已批准的公约。

在环境保护方面，中欧双方都将履行《巴黎气候协定》，中欧领导人建立了中欧环境与气候高层对话机制,中国承诺力争在2030年前实现碳达峰,2060年前实现碳中和。

《中欧全面投资协定》包括一个国家间争端解决机制,拟设立一个监督承诺履行情况的机制框架,包括定期的政治监督。

此外,还包括一些特设机制,以便在出现严重和紧急问题时在政治层面迅速介入。包括企业和社会组织在内的利益相关方的定期对话和参与将是实施过程中的重要组成部分。

《中欧全面投资协定》谈判的完成对中国和欧盟来说都是历史性突破,是中国全球化进程中新的里程碑。

第一,该协议推动了双边在环境和数字领域的高层对话,提升了双方在这些领域的伙伴关系。协议对环保服务和新能源汽车领域的市场准入做出了承诺。协议还减少了通信、云服务和计算机服务领域的市场准入限制,这将有助于促进双方在环境和数字领域的合作。

第二,中国与东盟十国及日本、韩国、澳大利亚、新西兰于2020年11月共同签署的RCEP不像《中欧全面投资协定》那样包含环境、劳工、国有企业或补贴方面的承诺。《中欧全面投资协定》将有助于中国与日本、韩国等其他国家达成自由贸易或投资协定。

第三,《中欧全面投资协定》将有力推动中国加入CPTPP。中国首先必须在政府采购、补贴、国有企业和劳工标准方面与国际规则接轨。《中欧全面投资协定》将推动中国政府在许多方面提高标准,并改革经济中不符合国际惯例的部分。

第四,《中欧全面投资协定》将有助于推动世贸组织改革。协议对服务业补贴规定了透明度义务,填补了世贸组织规则的空白。

该协议还将促进中美欧之间的合作。三方在投资、贸易和经济领域的进一步融合将有助于淡化意识形态。因此,该协议不仅有利于中国和欧盟,也有利于包括美国在内的世界其他国家。

在反全球化盛行、自由贸易受阻之际，该协议将促进后疫情时代的世界经济复苏，并有助于建设新的国际经济秩序。

第五，该协议有利于欧盟在中美之间发挥更大的稳定作用，在冲突中进行调解。欧盟可以召开三方会议，讨论新冠疫情、全球卫生系统和气候变化等关键议题，并推动全球治理改革。

德国的调停者角色[①]

在后默克尔时代，德国能否在调解中美关系方面发挥更加积极的作用？

当前德国地位大幅提升，成为欧盟发展的推动力和经济技术强国。在此期间，以经济为核心的中德关系变得更加深入和多元。中国是德国最大的贸易伙伴，德国企业在中国的工业发展中发挥了重要作用。双方的观点可能并不总是一致，但从根本上说，中国和德国对两个方面都有坚定的承诺：基于规则的经济开放和通过有效的全球机构应对气候变化和我们正在经历的前所未有的卫生和经济危机等威胁。

随着我们进入一个更加不确定的多极时代，我希望德国能成为一个更加自信、更加积极主动的地缘政治参与者，继续奉行默克尔的实用主义外交政策，同时也愿意使其外交关系多样化，扮演更加重要的国际调解角色，而德国在地区事务中已经证明了自己的能力。慕尼黑安全会议等论坛的持续发展

[①] 本文为2020年10月慕尼黑安全会议约稿，2023年11月修订。

和演变证明了德国的号召力,而这种号召力还有进一步扩大的空间。

当世界可能会分裂成相互竞争的两个半球,且这种趋势愈演愈烈时,德国的调解能力和意愿就显得尤为重要。中国不希望与美国陷入长期的两极斗争,完全支持一个更强大的欧盟与中国一道振兴多边主义,并作为中欧美三方机制的一部分发挥稳定作用。鉴于德国在欧盟的核心作用,以及与美国和中国的深厚关系,也许没有哪个国家比德国更适合扮演这一调解角色了。

多年来,德国从与中国不断深化的贸易关系中获益匪浅,但在战略上却基本与美国保持一致。在未来 30 年里,要在与中国和美国的三角关系中保持平衡,可能意味着德国要走出这一舒适区,并愿意激励欧盟在跨太平洋大国之间发挥更大的桥梁作用。这绝非易事。但是,没有哪个国家比德国更清楚意识形态和缺乏信任分裂世界导致的危害。在我们迈入后疫情时代之际,德国拥有一个历史性的机遇,可以帮助世界规划一条不同的道路。

回望和超越默克尔时代 [1]

在中国人的记忆中,默克尔是一位始终倡导务实和理性决策的欧洲领导人。本文写在她卸任德国总理前不久,回顾了她留下的宝贵遗产,并展望了未来。

安格拉・多罗特娅・默克尔(Angela Dorothea Merkel)长达 16 年的德国总理任期于 2021 年结束。这一重要时刻让我们有机会回顾她为德国发展做出

---

[1] 本文写于 2021 年 10 月。在默克尔卸任前夕,作者接受了德国之声的采访,评论默克尔的政绩。2023 年 11 月修订。

的贡献，以及她作为欧盟中心的推动力所发挥的关键作用，在欧洲一体化进程中她帮助欧盟成功应对了一些有史以来最严峻的挑战。

2021年2月，慕尼黑安全会议举行了线上特别会议，旨在促进开放和多边主义。会上，默克尔表示，应对全球挑战离不开国际合作，中国可以通过帮助应对这些挑战为世界做出更多贡献。默克尔说："多边主义是我们采取一切行动的基础。"毫无疑问，中国以及世界上其他许多国家都希望这一愿景在默克尔离开政坛后仍然能持续下去。

默克尔是一位理性而睿智的领导人，此外，因为喜欢宫保鸡丁（之前访问中国时表示过）和足球，她给中国人留下了深刻的印象。疫情初期，她在演讲中告诉人们留在家中并戴上口罩，她冷静和充满说服力的话语打动了许多人。

尽管在全球舞台上，默克尔是一位具有持久影响力的领导人，她一直保持着平易近人、真实可信的形象。默克尔在从政之前曾获得量子化学博士学位，她的科学背景为她的理性和务实态度打下了根基，这体现在她为遏制疫情而坚定地封锁了德国的城市。

在外交政策方面，中国人普遍认为默克尔的施政务实合宜，善于利用各种渠道寻求稳定的外部环境。她巧妙地处理了德国与法国这一重要关系，促进了欧盟的战略自主，她也向外界证明了她能够通过将政治和经济分开来建立稳定的德俄关系。

在任期内，默克尔帮助欧盟在欧洲事务上实现了团结，从而使欧洲在内部存在不同意见的情况下仍能保持统一。在面对英国脱欧、新冠疫情、气候变化以及中欧和欧美关系等不同挑战时，德国一直是欧盟的支柱。

在民粹主义和移民危机引发政治动荡后，英国于2020年1月1日退出欧盟。在这次分裂之后，默克尔总理试图与脱欧后的英国保持友好关系。2021年5月1日生效的《欧盟—英国贸易与合作协定》为欧盟与英国建立长期友谊与合作奠定了坚实基础。该协议涵盖商品和服务贸易、数字贸易、知识产权和能源等领域。

在默克尔对中国的 12 次访问中，德国展示了与中国合作的良好意愿。此外，两国在疫苗研究和分发、气候变化、职业教育、老年保健、汽车工业和数字经济等多个领域都有合作。

最重要的是，经过 7 年谈判和 35 轮协商，中国和欧盟在 2020 年年底共同宣布已完成《中欧全面投资协定》谈判，这一成就在很大程度上要归功于默克尔的不懈努力。虽然由于多种问题，该协议的批准被暂停，但它仍然是未来经济合作的正确方向。

在这个充满不确定性的时代，该协议涵盖了四个方面：市场准入承诺、公平竞争规则、可持续发展和争端解决。高水平的市场准入承诺将为双方企业带来更多投资机会，而公平竞争规则将为双边投资提供更好的环境。

默克尔为德国、欧洲和世界留下了丰富的遗产。作为 21 世纪最伟大的领导人之一，她帮助塑造了中国、美国和欧盟之间相对稳定的外交关系。

但未来将会如何发展呢？鉴于全球疫情的持续挑战、亚太地区日益紧张的地缘政治局势以及阿富汗和其他国家的动荡局势，后默克尔时代的德国和欧盟仍将怀有许多担忧和顾虑。

第三部分
重振多边主义

21世纪国际体系的核心存在一个惊人的悖论。正当跨国性挑战前所未有地严峻和紧迫的时候,我们本应用来应对这些挑战的多边机构却受到了严重削弱。

在改革时代,中国从全球治理中获益良多,并坚定地致力于帮助重建多边主义。本书第三部分的文章强调了重建全球治理的必要性以及中国在这一进程中的作用,内容涵盖了从环境问题、国际贸易到"一带一路"等全球合作新平台。

第九章
共同应对全球性挑战

新冠疫情提醒我们,我们生活在一个面临前所未有的跨国挑战的时代。从气候变化和人口危机到技术颠覆和日益加剧的不平等,这些挑战是全球性的,本质上是横跨不同领域的。要应对这些挑战,我们需要采取相互协调、全面的方式。

在许多方面,新冠疫情本应是全球治理大放异彩的机会。大流行病是任何国家都无法单独解决的典型的跨国威胁案例。遗憾的是,我们未能采取有效的国际应对措施,非但没有显示出多边主义的长期重要性,反而暴露了当前全球治理体系的裂痕和脆弱性。

这场疫情夺走了数百万人的生命,并对世界各地人民的生活和经济造成了不可估量的破坏。它的影响将持续多年,联合国警告说,发展将"失去十年"。但如果说这场悲剧还给人们留有一线希望的话,那也许就是这场疫情也引发了一场关于全球化和全球治理的严肃讨论,并拓宽了下一步行动的可能性。国际货币基金组织总裁克里斯塔利娜·格奥尔基耶娃(Kristalina Georgieva)宣布,我们面临着一个新的"布雷顿森林时刻",需要调整全球机构以适应我们时代的需求。联合国秘书长安东尼奥·古特雷斯(António Guterres)呼吁从根本上重新思考和改革全球治理,以建立更强大、更包容的多边主义。

一个新兴的绿色共识

环境保护是全球治理最有可能形成共识和进行重要变革的领域之一。例如，全球化智库呼吁中国与其他伙伴合作，推动建立一个专门的联合国机构，将气候变化作为影响全球合作许多领域的独特危机来关注。

联合国已经通过联合国环境规划署（UNEP）和《联合国气候变化框架公约》（*United Nations Framework Convention on Climate Change*，UNFCCC）在应对气候变化方面发挥了主导作用。然而，前者的工作涉及许多其他环境问题，而《联合国气候变化框架公约》需要成员之间达成一致来形成普遍共识，但成员之间并不总能达成一致，因此该公约的作用受到限制。一个常设的、专门的联合国气候变化机构可以为气候治理持续输出动力，促进不同利益相关者之间的合作——不仅是国家，还包括地方、区域和全球层面的企业和其他组织——以开发长期政策和技术解决方案。

本章的第一篇文章《世界需要中国团结全球应对环境危机》延续了绿色议题和全球治理的主题，这篇文章写于2019年6月二十国集团大阪峰会之后，与会世界各国领导人同意到2050年消除海洋塑料垃圾污染，这为解决塑料垃圾问题迈出了重要一步。在地缘政治局势日益紧张和全球治理改革陷入僵局之际，这项协议代表着一个显著的突破，并显示出绿色问题促进国际合作的潜力。

同样，本章的第二篇文章《面对气候危机，没有国家可以独善其身》认为，迫在眉睫的气候危机为跨境脱碳合作创造了强大的动力，特别是世界上最大的两个经济体和碳排放国——美国和中国之间的合作。接下来，《拥抱绿色精神》一文着重讨论了中国向低碳经济转型给跨国公司和其他企业带来的机遇。

携手抗击疫情

本章的最后两篇文章聚焦于新冠疫情以及国际社会合作应对疫情的必要性。《合作是人类保卫自身的关键》一文描述了知识共享、医疗援助和疫苗开发的全球网络如何成为我们战胜病毒的最佳工具。《新冠疫情呼唤更有韧性的全球化》一文认为,此次疫情暴露出的当前全球化模式存在的问题并不在于各国相互联系更加紧密,而在于缺乏"韧性"——应对变化和冲击的能力。

世界需要中国团结全球应对环境危机[①]

经济合作曾经是深化全球合作的催化剂。随着贸易变得更具争议性,环境问题能否推动新一轮多边主义?

我们的海洋正在因塑料垃圾而窒息。然而,2019年在大阪举行的一次面对面的二十国集团领导人峰会带来了一线希望,国际社会正在意识到这一问题的严重性,世界各国领导人达成了一项协议,要在2050年之前消除海洋塑料垃圾造成的额外污染。

在多边主义受到威胁、全球治理改革陷入僵局之际,《大阪宣言》是一项重大突破。它表明,尽管当前贸易关系和技术竞争局势紧张,但环境问题可以为重振多边主义提供一个共识。

事实上,没有什么比环境威胁更能体现全球合作的必要性了。河流、海

[①] 原载于《南华早报》,2019年7月20日,2023年11月修订。

洋和污染能够穿过国界,但合作往往不能。无论贫富,任何国家都无法逃避或独自解决环境问题。

据联合国粮食及农业组织估计,自20世纪50年代以来,人类已生产了约8.3亿吨塑料,其中近80%进入垃圾填埋场或自然环境。

微塑料颗粒尤其令人担忧,它们会吸收大量细菌,然后被海洋动物摄入,最终进入人类食物链。

塑料垃圾不仅威胁生物多样性和人类健康,还损害海洋经济,而海洋经济支撑着全球数百万人从事渔业、旅游业和相关产业。一些国家和地方已经出台了打击乱弃塑料垃圾的规定,但由于世界上的海洋都是连通的,如果没有协调一致的全球行动,单一地区的努力将徒劳无功。

作为对全球治理影响越来越大的国家和多边主义的倡导者,中国完全有能力领导全球环境管理。它可以帮助各方明确各自的责任,朝着清洁海洋的共同目标迈进。这不仅能减轻海洋污染,保护生物多样性,还能提升中国作为负责任大国的国际地位,帮助中国向更可持续的发展道路转型。

此外,中国在气候变化管理方面的贡献表明,中国可以在环境治理方面发挥关键作用。这也有助于改变国际社会对中国的发展是以牺牲环境为代价的看法——例如,美国国家航空航天局2019年的数据显示,中国对全球植被覆盖率的贡献在过去17年中至少增加了25%。

与此同时,与许多其他国家一样,中国也面临着严重的海洋污染。作为人口大国和许多全球供应链的所在地,中国减少塑料垃圾的措施将对全球产生巨大影响。

这些措施应从国内开始实施。2008年,中国开始采取措施限制塑料袋等塑料垃圾。中国已加入肯尼亚和卢旺达等国家的行列,正在全面禁止有害的一次性塑料制品。

中国还可以利用其影响力,在《大阪宣言》、世贸组织正在进行的全球电子商务规则谈判和2021年联合国生物多样性大会的基础上，推动国际社会对海洋垃圾采取行动。特别是，中国可以推动制定减少塑料垃圾的具体目标，并最终将其纳入国际公约。

当然，污染问题远不止塑料。然而，如果说我们面临的环境挑战是巨大的，那么它们作为国际合作凝聚力的潜力也是巨大的。

从海洋废弃物入手，中国将带头达成新的绿色共识，为多边主义注入新的活力。将绿色问题作为全球治理和伙伴关系建设的优先事项，对中国和世界都大有裨益。毕竟，在环境问题上，我们都在同一条船上。

面对气候危机，没有国家可以独善其身[①]

气候变化是任何国家都无法独自解决的跨国挑战典型。多边主义的绿色复兴能否拯救地球并稳定大国之间的关系？

据统计，70岁以上人群对新冠病毒抵抗力更差。不幸的是，联合国似乎也不例外。此次疫情本应成为联合国在成立75周年之际重整旗鼓、证明其重要性的机会；然而，联合国却未能统筹出有效的全球应对机制，暴露了其内部存在的裂痕和脆弱性。然而，当世界面临更大的威胁如气候变化时，联合国的应对就不是那么无力了。

北半球出现有史以来最热的夏天之后，呼吁全球采取行动应对气候变化的热情高涨。在2020年9月举行的联合国年度大会上，联合国秘书长安东尼奥·古特雷斯再次强调，需要采取有利于控制气候变化的行动来复苏疫情后

[①] 原载于《金融时报》，2020年10月15日，2023年11月修订。

的经济。中国国家主席习近平在第 75 届联合国大会期间做出了具有里程碑意义的承诺：中国争取在 2060 年前实现"碳中和"。美国总统拜登也将气候问题纳入其执政的核心议题。

目前，中美两国在任何事情上都能合作的希望比较渺茫。但联合国的诞生表明，在面临共同的生存威胁时，这种情况有可能发生转变。1945 年，联合国成立的初衷是要避免核战争。此后，联合国渐趋政治化，虽未能阻止许多悲剧发生，但其核心使命取得了成功。自第二次世界大战以来，没有爆发全球性的战争，也没有诉诸核武器的状况发生。

现今，世界再次面临任何国家都无法独自应对的风险。与核战争一样，如果各国不能通力合作，气候变化也必然导致人类相互毁灭。只是这是一个逐渐发展的过程，而不是一瞬间发生的事情。

同时，为应对气候危机而开展的协调合作的动力远不止于避免灾难。绿色合作是创造就业，重建更加繁荣、平等的社会的机会。据世界银行估计，新兴市场已经开辟了价值近 23 万亿美元的气候智能型投资机会。在去碳化问题上，跨境合作是有可能的，通过创造"绿色压舱石"，可以推动全球合作平稳运行，从而带来政治红利。

疫情之后绿色多边主义合作的缘由显而易见。尽管面临巨大的政治阻碍，但仍有多种促成合作的办法。

挑战之一是如何开启绿色多边主义进程。在 2021 年 11 月举行下一届联合国气候变化大会之前，各大国应在十国集团（G10）框架下聚集在一起，针对气候问题达成新的共识。七国集团扩容纳入中国、印度和俄罗斯，将令其代表性从世界人口的约 10% 扩大到约 47%，其中包括世界上六个最大的碳排放国。这将弥合工业化国家与发展中国家之间的分歧，这些分歧令以往的谈判困难重重。十国集团将代表全球气候利益，同时也足够精简，可以快速取得进展。

同时，中国、欧盟和美国应建立三边机制，以推动绿色合作及联合国、世贸组织等机构以气候治理为导向的改革。中美欧三方通力合作，必然能够推动全球治理改革，推动市场采用气候友好型技术和标准。

如果这一切听起来像童话，请记住，故事还会有另一种结局。如果我们不发挥这种潜在的凝聚力，气候变化将成为破坏稳定的地缘政治的"风险加速器"。气候变化将加剧气候移民带来的人口压力，从而加重社会和组织机构的压力，并将开辟新的竞争领域，包括北极水道、气候适应技术及实现这些技术需要使用的矿物质。而且，气候变化还可能破坏自然栖息地、增加人畜共患病传播的风险，进而加大未来大流行病爆发的风险。

显然，多边主义绿色复兴的可能性取决于美国总统大选的结果。而且需要明确的是，就气候变化达成多边共识既不能阻止全球竞争，也不能解决世界上的所有问题。然而，这将是一个重要的开始。联合国第二任秘书长达格·哈马舍尔德（Dag Hammarskjöld）曾说过一句名言：联合国存在的目的不是送我们上天堂，而是不让我们下地狱。

拥抱绿色精神[①]

> 低碳经济转型将带来许多挑战。但是，正如本文所指出的那样，这也将为包括跨国公司在内的产业界创造许多机会。

两个重大国际活动既强调了向清洁技术快速转型的紧迫性，也强调了这一转型将带来创新并为与国际伙伴合作的跨国公司带来有利可图的机会。这

[①] 原载于 CGTN 网站，2021 年 11 月 11 日，2023 年 11 月修订。

两个活动分别是在上海举行的第四届中国国际进口博览会和在格拉斯哥举行的第 26 届联合国气候变化缔约方大会（COP26）。

我作为第四届中国国际进口博览会虹桥国际经济论坛分论坛的主持人，与相关领域的政策制定者、国际组织代表、企业领袖和学者共同探讨了气候变化和绿色发展带来的机遇与挑战。

气候变化和绿色发展已成为国际社会高度关注的话题。一系列主要经济体相继做出碳达峰和碳中和的承诺。

2020 年 9 月，中国宣布了将在 2030 年前实现碳达峰和在 2060 年前实现碳中和两个目标。2021 年 10 月下旬，在第 26 届联合国气候变化缔约方大会召开前几天，中国政府推出了实现"双碳"目标的指导意见和行动计划。

根据这些路线图，到 2025 年，中国非化石能源占能源消费总量的比例将达到 20% 左右。与此同时，单位国内生产总值的能源消耗和二氧化碳排放将比 2020 年分别降低 13.5% 和 18%。达成这些指标将为实现碳达峰和碳中和奠定坚实基础。

到 2030 年，非化石能源消费比重将达到 25% 左右。单位国内生产总值二氧化碳排放也将比 2005 年下降 65% 以上，从而使二氧化碳排放量在 2030 年前达到峰值。

到 2060 年，非化石能源消费占全国能源结构的比重将超过 80%。届时，中国将实现碳中和，全面建成绿色、低碳、循环经济和清洁、低碳、安全、高效的能源体系。

在各国碳排放目标的推动下，清洁能源技术的发展不断加快。根据牛津大学的一份报告，《彭博观点》（*Bloomberg Opinion*）做出一个保守的估计，与沿用目前的能源体系相比，快速的清洁能源转型将为全球节省 26 万亿美元的能源成本，同时为实现巴黎目标做出贡献。

为适应中国不断发展的贸易和投资模式以及产业升级，中国政府宣布将停止在海外建设燃煤发电项目，以加快淘汰煤炭。作为清洁能源技术领域的全球领导者，中国热衷于部署和投资可再生能源。

根据2018年的数据，中国仍然是世界上最大的风能、太阳能和水电生产国，风力发电量占全球的28.7%，水力发电量占全球的28.5%。

再看交通方面，预计到21世纪40年代初，电动汽车将主导全球汽车市场。电动汽车的崛起将对汽车行业和全球石油市场产生重大的颠覆性影响。中国仍然是最大的电动汽车市场，总保有量超过450万辆，2020年的数据显示占全球电动汽车保有量的近一半（44%）。

除了能源生产和消费，绿色发展还将重塑我们处理整个产品生命周期的方式，从设计和生产到使用和报废处理或回收。整个过程的转变需要新的商业模式和跨行业合作。

减少碳排放和产品环境足迹的压力将推动供应链"绿色化"，鼓励跨国公司采用绿色技术和商业模式，为合作开辟新的前景。

例如，电动汽车行业的快速发展将导致对锂离子电池的需求日益增长。中国的宁德时代科技有限公司目前是全球最大的电动汽车电池制造商，约占全球市场份额的30%。

宁德时代与其他跨国公司密切合作，如与美国的特斯拉汽车公司（Tesla）共同生产新型电动汽车，与日本汽车制造商丰田汽车公司（Toyota）共同开发和供应电池，以及与德国巴斯夫化学公司（BASF）合作进行正极活性材料的研究和电池回收。

工业将在实现我们的环境目标方面发挥重要作用。企业排放在碳排放中占很大比例，但它们的创新与合作有助于开发实现绿色转型的技术。为了充分挖掘这一潜力，可以通过提高绿色创新能力和发展以环境保护、社会责任和公司治理（ESG）为导向的融资和问责机制，引导企业的未来发展方向。

各国政府还可以采取行动，推动跨境经济合作，促进绿色贸易和投资。例如，2022年1月1日生效的RCEP制定了共同的简化原产地规则，降低区域内贸易的关税。一套共同的规则将意味着更短的程序和更便捷的货物流动。

气候经济学先驱、2018年诺贝尔经济学奖得主威廉·D.诺德豪斯（William D. Nordhaus）警告说，我们已经进入了"气候赌场"，正在掷气候骰子。现在还有时间掉头，走出赌场。然而，这只能以极大的决心集体完成。如果我们要避免灾难，中国、其他国家和产业界必须拥抱绿色精神，共同努力开辟一条可持续发展的新道路。

合作是人类保卫自身的关键[①]

合作是我们战胜疫情和推动全球复苏的唯一途径。

全球新冠疫情的蔓延及其经济影响警示我们，在这个相互联系的世界上，没有一个国家是孤岛。与气候变化、恐怖主义等我们面临的其他共同挑战一样，大流行病不分国界，无法靠单打独斗来解决。全球合作是战胜它们的唯一途径。

坏消息是，在这类危机中，我们的第一反应往往是向内转，并筑起屏障，就像这次疫情暴发初期的经历显示的那样。许多人已经利用这次疫情，主张对人员和货物流动采取更严格的控制，甚至质疑世界的互联性。

这不是什么新鲜事。在14世纪的欧洲，当瘟疫沿商路传播时，人们指控犹太人在水井里投毒，并在整个欧洲大陆迫害犹太人。

好在"黑暗时代"已经过去。通过科学研究，我们得以了解疾病的起因

---

① 原载于《中美聚焦》，2020年3月5日，2023年11月修订。

和控制方法。我们知道，真正的敌人是一种看不见的病原体，而不是某个特定的人群。我们知道，如果我们全体人类像一个大家庭一样通力合作，就能以最有效的方式赢得这场战争。

中国在向世界卫生组织上报新冠病毒的两周后就完成了该病毒的基因测序，全球都可就此展开研究。随着我们对病毒的了解增加，有关病毒性质及如何防控的信息迅速在全球传播。

通过这种方式，人类建立了一种"全球免疫系统"，即一个由专业知识、机构和适应性响应机制组成的抗击疾病的网络。这一免疫系统的核心是信息共享和多边合作。

在试图控制疫情的过程中，我们需要有强有力的团队和多边行动。这意味着要加强国际医疗援助、知识共享、疫苗生产和分发等领域的国际合作，管控、隔离和疫苗接种工作需要更好地协调。在制定应对此类疫情的共同标准和支持国际合作方面，国际机构也可以发挥作用。

一些地区的疫苗接种计划进展顺利，但在其他卫生系统欠发达的地区，疫苗接种仍然是个难题。我们需要通过国际合作来确保这些地区获得专业知识和基本物资。例如，基于自身对抗病毒的经验，中国向其他国家派出了专家组，并送去病毒检测试剂盒和呼吸设备。

重要的是，中国和美国这两个世界主要大国必须携手合作。自从2000年以来，双方在公共卫生方面展开了大量合作，两国疾控中心联合开展了一些项目。

对中国和美国来说，这次全球疫情也是一次展示两国面对共同威胁时能够合作的机会，正如"9·11"恐怖袭击事件和全球金融危机之后两国所做的那样。由于事关重大，双方都有充分的理由携手合作。这也有助于为全球更加协调一致地应对其他挑战定下基调。

当前正是最需要国际合作来应对紧迫的共同挑战的时候，而国际合作却面临压力。让我们期待当前的危机能够成为一剂强心针，重振"合作"这个人类集体免疫系统中最强大的工具。

新冠疫情呼唤更有韧性的全球化[①]

为什么将疫情归咎于全球互联是错误的？

新冠疫情引发了关于全球化的未来的争论。甚至在疫情暴发之前，日益高涨的保护主义和民粹主义就让一些人质疑开放边界和漫长的多环节供应链是否明智。在疫情期间，随着病毒在全球传播和设备短缺，似乎相互关联的本质也受到了攻击。

新冠疫情的全球流行表明，我们所有人的命运是多么紧密地交织在一起。这也警示了我们的全球体系存在脆弱性。但我们必须正确诊断问题，才能对症下药。我们全球化世界的问题不在于缺乏关联，而是缺乏"韧性"：应对变化和冲击的能力。

互联给我们带来了巨大的好处，如果配置得当，互联可以成为韧性的源泉。早期的互联网被设计为能够在核攻击中幸存的通信网络，它的网络连接和内置冗余意味着没有一个节点对它的生存至关重要。

在自然界中，像生态系统和单个生物体这样相互关联的网络都包含冗余、自我调节机制和免疫系统等保障措施。这也是尽管一个肾脏就能完成工作，我们却拥有两个肾脏的原因之一——在进化过程中，韧性和恢复能力关乎生死。

---

① 原载于 CGTN 网站，2020 年 4 月 17 日，2023 年 11 月修订。

不幸的是，在过去几十年里，全球化缺乏这种抵御大流行病和金融危机等冲击的能力。

自 20 世纪 70 年代以来，随着技术的进步和贸易自由化，供应链被分割开来，遍布各大洲，通常有多个层级和数千家供应商。这些网络受股东至上和及时原则的影响，利润微薄，优化的是短期效率，而不是长期韧性。

全球贸易、移民、金融和信息网络日益庞大和复杂。这创造了繁荣，但也带来了风险，而谨慎的规划或健全的全球治理机制并不能抵消这些风险。

最近的供应链冲击暴露了这种脆弱性。2011 年，日本地震和泰国洪水冲击了从天津到得克萨斯州的电子产品和汽车生产产业链。野火等极端天气事件越来越频繁地冲击粮食供应链。据联合国开发计划署估计，到 2030 年，仅在美国，气候变化导致的破坏就可能造成超过两万亿美元的损失。

人为的冲击也在增加，国家和非国家行为者瞄准全球网络中的瓶颈和薄弱环节，2019 年的无人机袭击就影响了全球 5% 的原油日产量。

新冠疫情再次显示了我们全球体系的脆弱性。但是，简单地把全球化"倒带"和让供应链回流，既不可取，也不可能。

相反，我们必须建立一种更具韧性的全球化，既能保留互联互通的好处，又能加强保障措施和应对能力，为迎接下一个重大挑战做好准备。

第十章
寻找自由贸易的发展方向

历史经验证明了自由贸易与多边主义的重要性

全球治理可以对世界从重大灾难中恢复的方式产生重大影响。在经历了第一次世界大战和 1918—1919 年西班牙流感大流行的双重悲剧之后,新成立的国际联盟未能阻止民族主义、保护主义和经济困难的恶性循环,而这种恶性循环摧毁了三分之二的国际贸易,使世界陷入大萧条,并最终埋下了第二次世界大战的引子。

正如本章的一篇文章所描述的那样,"二战"后与"一战"后的情况形成了鲜明对比。甚至在战争结束之前,盟国领导人就已经在筹建一个新的全球治理体系,以支持更具建设性的经济和国际秩序。1944 年,来自 45 个国家的代表齐聚新罕布什尔州参加布雷顿森林会议,设计战后国际货币体系的管理机构,包括国际货币基金组织和世界银行。不到一年后,来自世界各地的代表在旧金山召开会议,制定了《联合国宪章》,确立了联合国系统的宗旨、管理结构和框架。随后,世贸组织的前身关贸总协定于 1947 年 10 月在日内瓦签署。

这些机构在短短几年内组建起来,成为"全球治理 1.0"的基石——这个国际体系一直保留至今。虽然远非完美,但以联合国和布雷顿森林体系为基础的全球治理体系成功地避免了世界在经历两次毁灭性战争后的艰难条件下陷入另一场全面的全球冲突。布雷顿森林体系下的经济安排有助于形成开放、贸易、繁荣和稳定的良性循环。从1950年到1970年，贸易壁垒减少，全球外国直接投资增长了8倍。与此同时，各国政府从长远角度出发，对人力和物质基础设施进行了持续投资，其中最著名的是马歇尔计划，该计划帮助欧洲重建了经济并实现了现代化。

新冠疫情之后，世界正在努力复苏，两次世界大战的不同结果为我们这个时代提供了宝贵的经验教训。首先，战争或大流行病等重大外部冲击可以成为全球治理全面改革的催化剂。其次，全球治理能否适应危机后的新环境，能否履行促进贸易等重要职能，会对地缘政治和全球经济发展轨迹产生重大的长期影响。

重振自由贸易和世贸组织

在过去十几年，阻碍全球治理改革的因素之一是对全球化及其造成的混乱的抵制，尤其是在工业化国家。第一篇文章《从对抗到合作：如何治理全球化的下一阶段》认为，与其抵制推动全球化的长期结构性力量，我们不如积极主动地管理这些结构性因素的影响。这包括改革全球贸易体系的支持机构，以及政府、企业和学术界共同努力找到确保全球化在政治、社会和环境方面可持续发展的方法。

尤其是要重振濒临崩溃的世贸组织，这是刺激全球疫情后复苏的重要优先事项。如上所述，第二次世界大战和2007—2008年全球金融危机的后果表明，贸易可以支持全球重大灾难后的经济复苏。随着世界走出新冠疫情危机，我们所采取的限制贸易或促进贸易自由化的措施将对世界经济发展产生深远影响。世贸组织显然是管理这一进程的工具，但不幸的是，该机构未能跟上全球经济的重要发展。

在全球新冠疫情暴发之前的2019年年底，世贸组织就面临着几近瘫痪的局面，因为其最高贸易法院的法官人数不足，无法审理上诉。事实上，这只是世贸组织面临的弊病之一。本章的第二篇文章《为什么中国应该带头拯救陷入困境的世贸组织并重振多边主义》论证了中国完全有能力鼓励各方采取行动改革世贸组织，帮助重振该组织。

到 2020 年 5 月，全球经济面临"二战"以来最严重的衰退，《世贸组织可以成为疫情后复苏的制度催化剂》一文呼吁重振这个陷入困境的组织，以促进国际贸易与合作。文章提出了实现这一目标的一些初步措施，如利用更灵活的诸边协议和完成世贸组织电子商务谈判。文章还建议，中国应与主要大国和国际组织——尤其是美国和欧盟——合作，启动世贸组织改革进程。

《中国的经济影响力如何更好地重塑世贸组织和全球贸易》是本章关于世贸组织的最后一篇文章。这篇文章是为纪念中国加入世贸组织 20 周年而写作的。这一里程碑式的事件在过去 20 年中帮助中国实现了转型，并为中国带来了巨大利益。正如文章所指出的那样，中国的加入也改变了世界贸易的面貌，为世贸组织及其成员带来了巨大利益。2021 年 3 月，世贸组织迎来新的领导层，本文对即将召开的世贸组织部长级会议充满期待，希望该组织能够进行自我改革，重新树立其在国际贸易中的权威。

区域主义的崛起

近年来，全球治理的压力——如联合国的削弱、布雷顿森林体系改革的失败以及世贸组织谈判的破裂，导致了区域层面多边倡议的激增。

随着全球贸易规则效力减弱，各种区域性协议应运而生，成为深化贸易自由化的工具。美国、墨西哥和加拿大之间的新自由贸易协定（《美墨加协定》，USMCA）于 2020 年生效，随后非洲大陆自由贸易区（AfCFTA）于 2021 年年初开始进行贸易。亚洲在这方面尤其引人注目，是区域多边主义的中心。美国退出后的 TPP（CPTPP）经过改革又得以重新谈判，并于 2019 年年初生效。RCEP 于 2020 年 11 月签署，是目前世界上最大的自由贸易协定。

这些富有活力的协定将继续发展，并有可能吸引新成员，为亚洲经济一体化提供一条灵活、多轨的道路。例如，标准较高的 CPTPP 有助于为发达经济体的未来贸易制定标准，而标准较低的 RCEP 则为发展中国家参与自由贸易提供了途径。

本章的最后四篇文章介绍了亚太地区新贸易协定的发展以及中国在这一不断演变的自由贸易体系中的发展前景。

2019 年年初发表的《跨太平洋的机遇之窗》一文阐明，加入 CPTPP 符合中国的发展方向，并可为中国经济带来巨大利益。

2019 年 9 月发表的文章《中国应抓紧时机加入 CPTPP，推动亚洲贸易秩序更加一体化》再次讨论这一主题，分析了 CPTPP 生效第一年各成员国所取得的初步成果，以及未来中国加入该协定的条件。

近一年后，在新冠疫情带来的阵痛中发表的《中国应该加入美国放弃的贸易协定》一文重新审视了围绕加入 CPTPP 展开的日益激烈的争论。加入该协定被认为是推动中国国内改革、让中国企业进入广阔而充满活力的市场的一种方式，同时也有助于全球自由贸易议程重回正轨，促进疫后复苏。

CPTPP 生效近两年后，经过八年谈判，亚洲另一个重要的多边自由贸易协定 RCEP 终于签署。《RCEP 与中国经济战略的协同作用对亚太地区是个好兆头》一文发表于协定签署后不久，文章概述了 RCEP 如何与中国在"双循环"战略下促进消费的计划完美契合，以及随着亚太地区成为一个更加协调一致的贸易区，该协议将如何成为更多贸易协定的铺路石。

从对抗到合作：如何治理全球化的下一阶段[1]

我们不应抵制推动全球化发展的长期结构性力量，而应寻求用积极的方式来管理这些因素的影响。

过去几十年里，全球化给世界各地的人民带来了巨大的利益。然而，在减轻全球化对当地社区的负面影响方面，我们做得太少。进入全球化的新时代，我们需要采取全面合作，来确保持续的一体化为所有人带来和平与繁荣。

当前全球化的现状

在特朗普等民粹主义人物的保护主义冲动背后，当前的贸易紧张局势在一定程度上是全球化带来的付出和收益分配不均的结果。这种不平衡加剧了工业化世界许多地区的不满情绪。

近年来，机会主义者兜售恐惧和保护主义政治，煽动了反全球化情绪。他们主张退出全球化，而不是直面挑战。这包括破坏多边机构，设置对外贸易和投资壁垒。

我们应当认真对待全球化对当地社区的影响。然而，经济转型和技术变革的时钟无法倒转。试图"去全球化"的对策是短视的，有可能扭曲全球发展的道路，分裂国际贸易体系，削弱长期增长前景。太平洋两岸的企业已经深受其害。继续走这条路将伤害工业化国家和发展中国家的工人和消费者。

---

[1] 原载于《聚焦中国》，2019年2月22日，2023年11月修订。

中美再度携手合作

我们不应抵制推动全球化发展的长期结构性力量，而应寻求用积极的方式来管理全球化的影响。尽管有些国家反对，但大多数国家仍然认为全球贸易是一股积极的力量。我们有充分的理由对全球贸易重回正轨并为所有国家带来机遇持乐观态度。然而，这需要两国在三个关键领域共同努力，以实现更具活力和韧性、更可持续的全球化。

美国和中国必须找到再次合作的方法。虽然双方在经济上的竞争不可避免，但需要新的思维方式和机制来确保这种竞争保持良性。这是一项超越当前贸易谈判的长期要务。

我们应该探讨如何挖掘在基础设施和环境保护等领域加强双边合作的潜在巨大协同作用。这些共同的机遇将有助于培养"积极的利益攸关方"关系，让彼此确信合作能够带来利益。这将防止我们陷入修昔底德陷阱，即崛起国引起守成国的恐惧，使局势升级，走向冲突。同样重要的是要避免陷入金德尔伯格陷阱，即由于全球公共产品供应不足而导致全球领导力真空。

美国在处理对华关系时应保持理性和前瞻性。反对和孤立中国的举措不仅对两国有害，也对全世界不利。鉴于实现未来的和平与繁荣事关重大，世界上最大的两个经济体都有责任让双边关系重回正轨。

重振全球贸易体系

在中美工作关系的基础上，我们必须重振全球贸易体系。这意味着改革支撑全球贸易的关键机构，这些机构在过去几十年里未能跟上经济活动模式的重大变化。

"全球治理2.0"的一部分是需要开发各种平台，来更好地处理跨境活动的重要领域，如服务、电子商务、网络空间和全球人才。在坚持协商一致原则的同时，为了取得进展，世贸组织应该更多使用诸边协议——那些成员可以自愿选择加入的协议。此外，还迫切需要恢复世贸组织争端解决机制的全部能力，并提高其做出公平、可执行的决定的能力。这些措施将有助于加强全球治理的有效性和合法性。

全球化对地方社区的影响

最重要的一点，我们需要政府、企业和学术界合作，来更好地理解和管理全球化对当地社区的影响。从长远来看，这是确保全球化具有政治、社会和环境可持续性的唯一途径。

全面的解决方案还应该考虑到人工智能等变革性技术的影响，这些技术与全球化密切相关。不久的未来，全球化和技术革命的双重力量将改变我们的工作、贸易和关联的方式。我们必须更好地管理这种变化，这需要全球性思维，也需要本土化解决方案。

在国际层面，我们需要建立新的合作框架。在国内，我们也需要新的教育和培训模式，来帮助工人适应重大变化，并遏制不稳定群体与特权阶层之间日益扩大的鸿沟。

从长远来看，采用新技术、向世界其他国家学习并与之开展贸易的冲动是不可抗拒的。但是，如果管理不善，这一进程可能会面临倒退。只有共同努力，才能实现妥善管理。如果各方能够齐心协力，那么下一个全球化时代可能比上一个全球化时代蕴含更多机遇。

为什么中国应该带头拯救陷入困境的世贸组织并重振多边主义 [①]

中国从加入世贸组织中获益匪浅,并在发达国家和发展中国家之间发挥着桥梁作用,现在正处于领导世贸组织改革的有利地位。

自 2019 年 12 月以来,世贸组织的职权被严重削弱了,当时由于其余两名法官任期届满,上诉机构仅剩一名法官。

由于美国阻止任命新的法官,世界最高贸易法院审理上诉所需的法定人数不足,这在实际上使世贸组织争端解决机制陷入瘫痪,削弱了其抵御保护主义的能力。

这一瘫痪发生在全球贸易体系已经四分五裂、脆弱不堪之时。我们需要制订一项计划,为世贸组织重新注入活力。尽管存在缺陷,但在过去的近四分之一个世纪里,世贸组织一直支撑着经济增长,并且仍然是促进全球贸易自由化的最佳工具。尤其是中国,自 2001 年加入世贸组织以来受益匪浅;现在,中国应在帮助改革和振兴该组织方面发挥主导作用。

虽然上诉机构危机是困扰世贸组织的最紧迫的弊病,但它绝不是唯一的问题。多年来,该组织一直未能跟上全球经济的重要变化。对于一个由复杂的价值链以及不断增长的数字和服务贸易联系在一起的世界而言,世贸组织的准则和规则日益落伍。虽然大多数成员都认为世贸组织需要改革,但缺乏共识和领导力阻碍了改革的进展。美国曾经是多边体系的关键支持者,如今却成为其最猛烈的批评者之一。

在此关键时刻,作为世界上最大的贸易国和多边主义的主要倡导者,中国可以发挥重要作用。通过与其他国家合作,中国可以采取关键措施,推动

---

① 原载于《南华早报》,2019 年 11 月 27 日,2023 年 11 月修订。

各方采取行动，让世贸组织重新走上复兴之路。

第一，中国应与"意愿联盟"合作，制定紧急应对计划，重振争端解决机制。特别是，中国可以与欧盟、加拿大、日本等利益同盟更紧密地合作，共同探讨解决方案。一种可能性是通过诸边协议形成替代机制：一个由一组国家而非所有成员参与的机制。这将恢复世贸组织执行规则的能力，同时维护其权威。

为促进这一合作，中国应加强与致力于实现世贸组织现代化的各方的沟通。为此，中国已与欧盟建立了联合工作组，还可与加拿大领导的渥太华小组建立沟通渠道。

第二，中国应重点关注能够"尽快取得成果"的议题，为改革进程提供一些动力。自2015年多哈回合贸易谈判悄然夭折以来，世贸组织的谈判几乎停滞不前。目前，渔业补贴是议程上剩下的唯一项目。与其试图从目前的僵局中解决长期存在的棘手问题，不如优先解决有共识的问题，以取得突破，推动改革进程。

电子商务是一个很有前景的领域，它在全球贸易中发挥着越来越大的作用。中国是2019年启动全球电子商务规则谈判的75个世贸组织成员之一。尽管在数据安全和隐私方面仍存在一些症结，但该谈判仍有很大的潜力取得进展。中国应利用自身经验和作为电子商务大国的地位，在与其他成员国的磋商中发挥积极作用，推动数字经济规则制定工作取得进展。

绿色议题有潜力成为世贸组织改革取得进展的另一个领域。在2019年早些时候，二十国集团就解决海洋塑料污染问题达成共识，在此基础上，中国应该通过世贸组织推动多边行动，来实现这些目标。塑料污染等共同的环境挑战可以为改革提供有益的推动力。

第三，对世贸组织成员进行分类。简单地将国家划分为"发达国家"和"发展中国家"的做法不能体现这些类别的多样性。"发展中国家"既有世界上最贫穷的国家，也有新加坡和韩国这样的工业化经济体，发展中国家虽然在实践中往往不能享受"特殊与差别待遇",但这一原则已成为改革谈判中的一个争论焦点。

作为发达国家与发展中国家之间的桥梁,中国可以帮助完善国家分类方法,既减少与工业化成员的摩擦,又保护发展中国家的合理利益。

找到正确的补救措施并使世贸组织恢复元气并非易事。但是,尽管情况危急,但世贸组织并没有陷入穷途末路。

面对全球贸易体系可能在单边主义和保护主义压力下四分五裂的局面,每个国家都应迫切探索重振世贸组织的新途径。作为世界上最大的贸易国和多边主义的坚定倡导者,中国可以发挥重要作用。

世贸组织可以成为疫情后复苏的制度催化剂[①]

进入后疫情时代,全球经济正在努力复苏,振兴贸易是当务之急。

1941年,在第二次世界大战最激烈的时刻,温斯顿·丘吉尔和富兰克林·罗斯福在纽芬兰附近一个荒凉的海湾进行了秘密会面。在接下来的四天里,他们制定了20世纪最重要的文件之一——《大西洋宪章》。该文件为战后秩序的重建制定了原则,其中的关键是经济合作和对所有国家开放的贸易体系。

即使在战争肆虐之时,人们也有充分的理由考量贸易在战后维系和平方面能够发挥的作用。

---

① 原载于《南华早报》,2020年5月14日,2023年11月修订。

十年大萧条①是保护主义恶性循环的一个见证，经济困境和民族主义摧毁了三分之二的世界贸易，播下了战争的种子。相比之下，1945年之后，《大西洋宪章》作出的集体安排促进了开放、贸易、繁荣和稳定的良性循环。

现在，学者们将国际贸易视为造成两次世界大战之间不稳定和"二战"后复苏两种不同战后后果之间的关键区别因素。2008年金融危机后，贸易也发挥了至关重要的作用，使各国能够相互促进增长，抵消财政和金融压力。

历史表明，贸易可以支持我们从当前遭受的全球灾难中复苏——它将有助于平衡全球供需，促进长期增长。我们为限制贸易或促进自由贸易而采取的措施会深刻影响我们摆脱新冠疫情危机的进程。

我们需要翻越一座陡峭的山峰。2020年，由于工厂和边境关闭，需求和贸易融资萎缩，贸易崩溃。一些政府行为使情况变得更糟。一些国家转向孤立，开始玩指责游戏，阻碍合作。许多国家开始限制食品和医疗用品等必需品的出口。

新冠疫情也使得要求产业链回流的呼声越来越高。一些国家的政府可能会提高关税，以弥补收入损失。这种行为违背了自由贸易原则。

如果没有有效的全球机制，经济困境就会滋生保护主义。第一次世界大战结束后，贸易开始复苏，但糟糕的形势引发了保护主义浪潮，新成立的国际联盟也无力阻止。

相比之下，1947年签署的《关税及贸易总协定》等战后机制，有助于推动贸易自由化，防止在紧张局势下出现倒退。

这凸显了贸易带动的复苏是多么脆弱，多么需要制度支持。

世贸组织是显而易见的解决方案。与其他全球机构一样，多年的僵局削弱了世贸组织，使其发展落后于全球一体化的进程。如今，新冠疫情催生了

---

① 指1929—1933年发源于美国、波及整个世界的经济衰退。——译者注

重启改革的需求和意愿,并将世贸组织拉进了21世纪。

在2020年4月由全球化智库举办的线上主题研讨会上,世贸组织前总干事帕斯卡尔·拉米(Pascal Lamy),世贸组织副总干事艾伦·沃尔夫(Alan Wolff),前世贸组织上诉机构首席法官詹姆斯·巴克斯(James Bacchus)等参加了会议。

短期之内,世贸组织应解决贸易受限问题,以确保基本物资供应能够送达需要的地方。拉米指出,人们期望实施一定程度的"预防主义"——合法地保障公民需求。但需要建立机制,确保这些措施以透明、协调的方式实行,而不会滑向更有害的保护主义形式。

世贸组织应就相关领域启动谈判,以降低医疗用品等疫情相关商品的关税。我们需要解决非关税壁垒问题,全面执行《贸易便利化协定》,以帮助克服因疫情而加剧的物流瓶颈。

为了助力长期复苏,世贸组织还需要进行更广泛的改革。例如,随着数十亿人在网上购物、学习、工作或就医,完成世贸组织电子商务谈判已成为当务之急。

农产品贸易改革一直是世贸组织议程中最难以解决的部分。如今,迫在眉睫的经济和粮食危机让人们寻找解决办法的意愿增强了。新冠疫情已使数百万人陷入极端贫困。为农产品贸易创造公平的竞争环境将有助于解决这一问题,并建立更有弹性的粮食供应链。

世贸组织改革的重要性显而易见,问题是这些变革是否能够实现。世贸组织秘书处在推动改革方面可以发挥更大的作用。调整工作方式,组建新冠疫情特别工作组和使用更灵活的诸边协议等方式也会有所帮助。

但归根结底,世贸组织仍然是一个成员驱动型组织。要实现真正的变革,就需要大国参与其中发挥作用。近年来的事实证明,这并不容易,但新冠疫情增加了政治上的可能性。

我们生活在一个与1941年截然不同的世界，一个比以往任何时候都更加多极化和相互联系更加紧密的世界。自由贸易的命运不会由一艘船上的两个人决定。但我们确实需要重拾一些领导力、务实精神和合作精神，因为正是这些铸就了战后的多边主义。这其中，中美能否合作至关重要。

开放贸易并不是解决我们经济困境的灵丹妙药，但它是解决影响后疫情世界许多问题的基础。如果我们能够重振世贸组织，它就可以通过制度推动复苏与合作。两次世界大战战后截然不同的历史表明，有益的制度利害攸关。

中国的经济影响力如何更好地重塑世贸组织和全球贸易[①]

中国于2001年加入世贸组织，重塑了中国和世界贸易的格局，给所有参与方带来了巨大的利益。随着世贸组织在新一届领导层的带领下翻开新的篇章，中国完全有能力帮助重建该组织，使其适应后疫情世界的需求。

在世贸组织位于日内瓦湖畔的水泥建筑院落内，有一座色彩斑斓的中式古典园林。2013年，为纪念加入世贸组织，中国向该机构赠送了这座姑苏园，园内设有雅致的假山、拱门和书法楹联。

正如当时中国驻世贸组织大使易小准所说，这座园林也体现了中国对多边贸易体制的持久承诺。不过，姑苏园远非中国在世贸组织留下的唯一印记。

2021年是中国加入世贸组织20周年，中国是第143个成员。这一具有

[①] 原载于《南华早报》，2021年5月27日，2023年11月修订。

里程碑意义的事件在过去20年里改变了中国，为中国带来了巨大利益。

但同样，中国的加入也改变了世界贸易的面貌，为世贸组织及其成员带来了巨大利益。如今，世贸组织在新一届领导层的带领下翻开了新的篇章，中国完全有能力帮助该组织进行自我重建，使之成为疫情后世界自由贸易的推动力。

鉴于中国在当今全球经济中的地位，人们很容易忘记中国为加入世贸组织而彻底改革其传统计划经济的艰辛历程。入世谈判历时15年，比组建世贸组织本身的时间还要长。

为了履行对世贸组织的承诺，中国政府修改了2300多部国家法律法规，同时还修改和取消了190000多项地方法律法规。根据世界银行的数据，贸易加权平均关税从1992年的32.2%降至2002年的7.7%，2003年至2017年间进一步降至平均4.8%。

中国还进行了机构改革，并加强了对知识产权的保护。在这一进程中，北京、上海和广州设立了专门的知识产权法院，中国还在15个中级人民法院设立了专门的知识产权法庭。

这些变化让中国经济向世界敞开了大门，并促进经济在一段时期内快速增长。1999年，中国的国民生产总值还不及意大利，仅排名世界第八。如今，中国已成为世界第二大经济体和最大的贸易国。

在过去20年中，中国的出口规模增长了7倍，进口规模增长了6倍。目前，中国占全球贸易的12%，是120多个国家的最大贸易伙伴。与此同时，中国在全球服务贸易出口中所占的份额翻了一番，从2005年的3%增长到2020年的6%，在服务贸易进口中所占的份额从2005年的3.3%增长到2020年的8%。

贸易改变了中国，中国也改变了全球经济。中国的开放和融入恰逢全球贸易壁垒和航运与通信成本下降，促进了全球价值链的崛起。在过去20年里，全球贸易激增，发达国家和发展中国家都获得了巨大利益。

2021年，全球化智库在北京举行了一场关于中国加入世贸组织20年的圆桌论坛，刚刚卸任第二个世贸组织副总干事任期的易小准在会上着重介绍了世界经济在这20年里是如何受益于中国的。例如，自加入世贸组织以来，中国对全球经济增长的平均贡献率翻了一番，达到近30%。

物美价廉的中国产品每年为美国消费者节省150亿美元，中国还吸收了世界上越来越多的出口份额，包括自2008年以来来自欠发达国家的25%的出口份额。

去年，当其他经济体受到新冠疫情带来的严重干扰时，中国出口商提供了必需品，这凸显了中国在世界贸易中的关键作用。

自加入世贸组织以来，中国已经发生了翻天覆地的变化。在此期间，世贸组织所在的威廉·拉帕德中心也进行了大规模的改建和扩建，以容纳新的功能，并为世贸组织日益增加的成员代表们提供交流空间。

遗憾的是，在此期间，该机构本身和管理世界贸易的规则几乎没有变化。这种未能适应全球经济重大变化的情况造成了紧张局势，并严重削弱了该组织的功能。

在特朗普政府执政期间，世贸组织的争端解决机制陷入瘫痪，一度跌入低谷，总干事职位空缺6个月，但在3月份上任的尼日利亚新任总干事恩戈齐·奥孔乔－伊韦阿拉（Ngozi Okonjo-Iweala）的领导下，人们期望该组织能够重整旗鼓。

随着世界走出前所未有的卫生和经济危机，世贸组织有机会证明它的重要性。如果能通过谈判成功获得疫苗豁免权，为发展中国家提供更多疫苗，世贸组织将获得新的活力。

然而，世贸组织改革的长期任务仍然充满困难。奥孔乔－伊韦阿拉已经警告说，一些国家可能会试图将世贸组织改革武器化。她已明确指出，中国是世贸组织改革的核心。

在加入世贸组织 20 多年之后，中国完全有能力建设性地利用其在世贸组织中的影响力，帮助该组织重新调整，并在后疫情时代重振多边贸易议程。

2022 年，世贸组织第 12 届部长级会议在日内瓦举办。[①] 由于全球疫情的影响，这次会议从 2021 年推迟到 2022 年。人们期待这次会议有助于重建世贸组织在全球贸易秩序中的权威。

如果世贸组织要重生，那么也许没有比这个诞生过世贸组织和许多其他国际组织的城市更合适的地方了。

跨太平洋的机遇之窗[②]

加入 CPTPP 可为中国和全球经济带来巨大利益。

对全球化来说，2018 年可谓流年不利。这一年特朗普政府继续削弱多边主义，并对中国发起贸易摩擦。经济政策越来越受到不信任和零和思维的驱动。两国关系出现的裂痕可能在未来数年分裂全球经济。

尽管乌云密布，但在这一年结束时，自由贸易还是迎来了新的希望。2018 年 12 月 30 日，一项新的全面的高标准贸易协定生效，覆盖 5 亿人口，GDP 总和约 10 万亿美元。由 11 个成员组成的 CPTPP 已获得澳大利亚、加拿大、日本、墨西哥、新西兰、新加坡和越南批准，一旦文莱、智利、马来西亚和秘鲁批准该协定，它们也将加入。

[①] 因新冠疫情原因，世贸组织第 12 届部长级会议多次改期，最后于 2022 年 6 月 12—17 日在日内瓦举行。——译者注
[②] 原载于《中美聚焦》，2019 年 1 月 8 日，2023 年 11 月修订。

两年前，这一切似乎还不太可能。特朗普总统上任第一天就抛弃了该协定的前身——美国主导的TPP，称其为"荒谬"的协定，"死有余辜"。然而，再度获得生命后的CPTPP现已成为该地区（如果不是全世界的话）最有潜力的自由贸易工具之一。

具有讽刺意味的是，CPTPP最初是奥巴马"转向亚洲"战略的核心，意在孤立中国。但在特朗普放弃CPTPP后，CPTPP现在可能会成为促进中国与其成员国联系的途径。加入高标准的CPTPP也将为中国下一阶段的改革开放提供外部动力——就像20年前加入世贸组织一样。

考虑到国内外不断变化的形势，我们认为中国有充分的理由加入这一新的贸易协定。这种"一举两得"的机会窗口可能不会长期存在。

扩大贸易圈

经济和人口发展趋势表明，加入CPTPP将使中国进入未来数年世界上最具活力的区域市场之一。CPTPP还搭建了与美洲的自由贸易桥梁。相反，如果袖手旁观，中国将面临贸易转移带来的损失。

CPTPP是一个富有活力的协定，随着新成员的加入，其能带来的潜在利益也在增长。有可能加入的候选国家和地区包括印度尼西亚、韩国、菲律宾、泰国和中国台湾。据彼得森国际经济研究所估计，CPTPP扩容到16个成员后，成员体的收入将增加到4890亿美元。该贸易协定有可能进一步扩大；日本已经邀请英国加入，新的日本—欧盟自由贸易协定可能为未来欧洲的加入奠定基础。

除了直接的经济利益外，加入这个扩大的贸易圈还将展示中国对对外开放的坚定承诺，并对冲美国单边主义导致的去全球化和反自由贸易情绪的风险。本着这一思路，CPTPP可以对"一带一路"中协调经济一体化的"硬件"构成支持，同时关注标准和制度等"软件"这些较窄的领域。

现在，CPTPP 为未来的协定开创了先例，中国可以通过尽早加入该协定来增强其对贸易规范演变的影响。在这方面，美国已经错失良机。美国坚持的几项 TPP 条款在其退出后已被中止，其中包括药品专利和投资者—国家争端解决机制等有争议的规则。

改革的催化剂

2001 年加入世贸组织在中国的改革开放中发挥了重要作用。除了获得出口市场准入和吸引外国资本进入，入世还提供了一个外部杠杆，激励中国采取行动和推动改革。

20 多年后的今天，中国已经脱胎换骨。国内生产总值成倍增长，人民生活水平大幅提高。然而，改革工作远未完成。

正如在 20 世纪 90 年代入世成为改革的催化剂一样，今天，加入 CPTPP 可以帮助中国实现改革开放下一篇章的目标。CPTPP 的核心理念与中国的发展需求不谋而合。例如，CPTPP 对第三产业的重视应和了中国经济中服务业附加值不断扩大的事实，目前服务业附加值约占国内生产总值的 55%。

同样，CPTPP 中关于国有企业的规则也与中国发展私营部门和改革国有企业的目标相吻合。这一点从"竞争中立"概念在中国决策圈里的流行上可见一斑。

作为信息时代的新一代贸易协定，CPTPP 建立了全面的知识产权保护框架。这恰好契合中国以创新为导向的发展理念，并将支持中国在这一领域取得更大进步。如今，越来越多的中国企业依靠技术和专业知识获得全球竞争力，如华为、腾讯和阿里巴巴。CPTPP 的保护伞将支持它们在全球的持续发展，尤其是在海外市场面临越来越大的逆风的情况下。

总体而言，加入 CPTPP 将有助于确保中国民营企业和国有企业在国内外享有公平的竞争环境。

机会的窗口

没有美国，CPTPP 就缺少了一个巨大的消费市场，而中国恰好可以提供这一需求，这将加强中国的地位。事实上，中国已经是 CPTPP 11 个成员中的 8 个成员的最大贸易伙伴，与东盟、澳大利亚和新西兰之间已有的自由贸易协定也为中国加入 CPTPP 奠定了一定的基础。

然而，这些有利条件可能不会存在太久。美国正在与日本和欧洲谈判自由贸易协定，其中可能包括适用于新的《美墨加协定》的"毒丸"条款。这一条款将有效地阻止美国的自由贸易协定伙伴与中国签署协定。

谈到与其他协定的关系，有些人不禁要问，CPTPP 对 2020 年签署的 RCEP 意味着什么。

这两个协定并不相互排斥——有七个国家同时加入了这两个协定。事实上，这两个协定在促进区域一体化上可以形成互补：CPTPP 适用于较发达的经济体，而标准要求较低的 RCEP 适用于亚洲发展中国家。在这一构想下，中国加入这两项协定有助于在亚太自由贸易区或其他机制下，在未来的某个时刻在这两个项目间建立桥梁。

如果美国政策发生变化，有朝一日美国决定重返 CPTPP，那么中美两国的成员身份将成为双边关系的支柱。如果美国选择另一条道路，CPTPP 对中国仍将是一个有用的工具。

因势利导

中国的改革开放取得了举世瞩目的成就，但也经历了曲折起伏。正如习近平主席在庆祝改革开放 40 周年的讲话中所说的那样，改革发展没有金科玉律可循。

今天，我们面临着越来越多威胁全球化的力量。许多人认为，已经发生的事情将导致全球经济破裂。

CPTPP 的重生可能会提供一条不同的发展道路，一条有利于自由贸易未来发展的道路。在规划未来的道路时，我们应该对机遇持开放态度，并以务实的态度因势利导。

中国应抓紧时机加入 CPTPP，推动亚洲贸易秩序更加一体化[①]

加入 CPTPP 可以像 20 多年前加入世贸组织那样促进中国的改革。

随着全球化受到民粹主义和保护主义的冲击，区域经济一体化已成为国际合作的重要途径。继 2020 年 11 月签署 RCEP 之后，中国迎来了加入 CPTPP 的重要机会窗口。

CPTPP 脱胎于美国主导的 TPP，日本和澳大利亚对其进行了重塑。即使没有美国，该协定在亚太地区的影响也不容低估。

CPTPP 目前有 11 个成员体，覆盖人口超过 5 亿，成员体国民生产总值总额达 10.57 万亿美元，是亚太地区最大的自由贸易区，也是世界第三大自由贸易区。哥伦比亚、印度尼西亚、韩国、泰国和英国等国家纷纷表示有兴趣加入 CPTPP，这显示 CPTPP 具有广阔的前景。如果中国加入，该协定将覆盖全球近 30% 的国民生产总值。

自 2019 年年初生效以来，CPTPP 的好处已经显现。例如，尽管越南在达到 CPTPP 的高标准上面临挑战，但并没有因为开放和大幅降低关税而受到严重损害。相反，越南是迄今为止该协定的最大赢家之一。

---

① 原载于《南华早报》，2019 年 9 月 25 日，2023 年 11 月修订。

在 CPTPP 框架下，越南与其他 10 个成员国之间的贸易快速增长。越南海关数据显示，2019 年前 7 个月，越南贸易顺差达 18 亿美元，其中一半以上来自 CPTPP 贸易。其中，对墨西哥出口增长 35.6%，对马来西亚出口增长近 22%，对加拿大出口增长近 14%。越南的纺织业和基础设施建设也受益于 CPTPP。

越南从 CPTPP 中获得的收益反映出该贸易协定的"全面性和进步性"。其成员既包括日本、澳大利亚和加拿大等发达国家，也包括智利、马来西亚、墨西哥和越南等新兴的、具有高增长潜力的经济体。

为了在发达国家与发展中国家之间取得平衡并促进两者之间的合作，CPTPP 兼具公平性和包容性，既促进发展中国家加快对外开放，又允许它们采取合理的保护措施。作为一个具有包容性的高标准贸易协定，CPTPP 对中国这样的发展中国家更加友好。

在当前保护主义抬头、全球增长乏力的背景下，CPTPP 为促进国际合作和多边主义提供了一条可行的途径。未来几年，CPTPP 将成为亚太地区经济一体化的重要载体。如能及时加入该协定，并尽快批准和实施 RCEP，中国将能够更深入地参与区域合作。

此前，中国对加入 CPTPP 的主要关切涉及知识产权、环境保护、数据流动管理、劳工标准和国有企业改革等领域。

然而，多重因素促使中国逐步向 CPTPP 标准靠拢。这包括中国国内改革开放的深化，以及中美贸易摩擦等外部影响。

根据创新驱动发展战略，中国近年来在知识产权保护方面取得了长足的进步。世界银行的知识产权保护指数显示，中国的保护水平高于世界平均水平。2020 年实施的《外商投资法》有助于加强中国的知识产权保护。

在环境保护方面，绿色发展理念日益融入中国经济的方方面面。从"一带一路"倡议绿色化，到创新沙漠治理，再到 2019 年二十国集团大阪峰会期间签署的"蓝色海洋愿景"，中国在环境治理方面付出的努力越来越令人瞩目。

CPTPP 关注的其他议题，如数据流动管理、劳工标准、国有企业改革等，也是中国正在进行改革的重要领域。

从长远来看，加入 CPTPP 符合中国的发展战略，有助于通过扩大开放加快改革。同时，加入 CPTPP 将展示中国对外开放的决心，使中国在中美贸易谈判中掌握主动权，并使中国在新的国际贸易架构形成过程中拥有更大的发言权。

此前，CPTPP 成员已对中国的加入释放了积极信号。在与 CPTPP 成员的对话中，全球化智库曾多次从澳大利亚、加拿大、新西兰和马来西亚的部长以及新西兰、新加坡和日本的大使口中得知，这些国家欢迎中国的加入。诚然，新冠疫情和美国政府更迭带来了地缘政治变化，政治形势变得更加复杂。鉴于日本在 CPTPP 中的主导地位，中日关系将对中国能否加入 CPTPP 起到关键作用。

美国现在没有加入 CPTPP，这为中国启动加入该协定的谈判提供了宝贵的机会窗口。在全球自由贸易议程和中美经济关系尚存疑问的情况下，加入 CPTPP 将为中国经济融入亚太地区开辟一条新的道路，同时也将支持 RCEP 和亚太自由贸易区的建立。

中国应抓住这一重要的机会窗口，为亚太地区的一体化做出贡献，协助应对去全球化趋势。

中国应该加入美国放弃的贸易协定[①]

中国有充分的理由加入 CPTPP，而且中国的态度也开始变得积极。

新冠疫情加剧了全球贸易中的某些破坏性趋势。对自由贸易的支持让位

[①] 原载于彭博社，2020 年 6 月 27 日，2023 年 11 月修订。

于对脱钩和去全球化的讨论。美国和中国之间的紧张关系加剧，要求实施保护主义和将遥远的供应链重新迁回的呼声也随之高涨。人们不再认为让实行不同经济制度或拥有不同意识形态的国家融合是可取的，甚至认为不存在这种可能性。

要扭转这些趋势，就必须采取重大的行动。一个决定可能会带来真正的改变——中国加入美国曾经主导、随后又放弃的跨太平洋贸易协定。

2019年年初，CPTPP正式生效。该协定因其高标准和对新兴行业的关注而被称为"新一代"贸易协定，覆盖11个国家、近5亿人口和超过13万亿美元的国内生产总值。

该协定的显著特点是容纳了迥然不同的经济体和政治制度。其成员既包括加拿大和澳大利亚等西方国家，也包括拉丁美洲和亚洲的新兴市场经济体。

在全球贸易面临前所未有的挑战之际，CPTPP深入且环环相扣的承诺为促进增长和减少不确定性提供了一条路径。一些国家已表示有兴趣加入。

中国对加入CPTPP的想法也越来越重视。2020年5月，时任中国总理李克强提出中国可能加入CPTPP。过去三年来，中国加快步伐改善外商投资环境，这包括实施新的《中华人民共和国外商投资法》、开放金融服务和制造业市场准入以及加强知识产权保护。

预计中国还会进行更多此类改革。中国政府承诺将进一步缩减外资准入负面清单，并破除阻碍此类投资的非正式壁垒。2020年6月2日，中国宣布将在海南岛建设亚洲最大的自由贸易港，作为深化改革的试验田。在此之前，中国还发布了一份全面的新经济蓝图，提出了广泛的市场支持措施和国有企业改革措施。

当然，这些表态需要转化为行动。但其他CPTPP成员显然可以根据中国以前的行为做出判断。

更大的障碍可能是该协定的起源。至少一些美国起草者明确地将该协定视为拉近美国与太平洋地区经济体关系，使它们远离中国的一种手段。

然而，随着美国的退出，这样的考量已被淡化。大多数现任成员似乎都对中国加入持开放态度。

当然，美国官员仍然可能反对中国加入。但他们应该考虑到这一点：CPTPP 规则将激励中国进行许多美国官员一直要求的结构性改革，例如让国有企业接受市场规则约束和改善知识产权保护。加入该协定将激励中国国内的经济改革者，他们可以宣称该协定所要求的变革符合中国的国家发展目标——包括创新、效率和环境保护等方面。

中国加入 CPTPP 将有益于各成员体和更广泛的全球经济。这将填补因美国退出而失去的巨大消费市场。中国加入后，CPTPP 将覆盖超过 28% 的全球国民生产总值。根据彼得森国际经济研究所的预测，这将使 CPTPP 为全球带来的收益翻两番，达到 6320 亿美元。中国的加入也将使更多的区域经济置于一套由多边共识驱动的正式规则之下，从而获得增长和稳定。

对中国来说，好处同样显而易见。加入后，中国企业将有更多机会进入广阔的、充满活力的市场。特别是，CPTPP 对服务贸易和电子商务的重视将有助于中国科技企业"走出去"。

在亚洲经济格局发生转变之际，中国的加入还将加强其在亚洲中心的作用。随着企业和政府寻求生产多元化，供应链正在重组。如果中国加入 CPTPP，这一进程将对中国更加有利，因为在中国和其他成员国之间运输零部件的费用将更低、产业链也更稳定。加入 CPTPP 将使中国政府在制定未来贸易规则方面拥有更大的发言权，并表明中国对自由贸易和融入世界的决心。

从长远来看，扩容后的 CPTPP 可以为世贸组织改革和全球自由贸易议程回归正轨提供一个蓝图。过去，拜登曾表示对重新加入该协定持开放态度，因此中美两国甚至有一线希望有朝一日能同在 CPTPP 的框架下。但无论美国政府做出何种决定,中国加入该协定都有助于减少摩擦,使中国更接近全球高标准贸易规则。

新冠疫情之后,全球经济面临着重大挑战。自由贸易有助于疫后复苏。如果中国要考虑加入 CPTPP,没有比现在更好的时机了。

RCEP 与中国经济战略的协同作用对亚太地区是个好兆头[①]

中国的促进消费计划将使其成为 RCEP 的主要进口市场,进而促进区域一体化,而签署 RCEP 则为改革中的中国扩大了贸易市场。

经过八年的艰苦谈判,2020 年 11 月,15 个亚太国家签署了历史上最大的自由贸易协定,为区域合作带来了突破。由东盟 10 国、澳大利亚、中国、日本、新西兰和韩国签署的 RCEP 将覆盖全球三分之一的人口和经济产出,减少该地区的贸易壁垒。据约翰斯·霍普金斯大学的经济学家估计,该协定将为全球经济增加 1860 亿美元的贸易规模,在全球经济努力从疫情影响中复苏之际,这是一股可喜的推动力。

在"十四五"时期(2021—2025 年),中国必须适应后疫情时代的世界——经济充满不确定性,全球价值链分裂。作为中国签署的首个多边贸易协定,也是首个包括日本和韩国在内的多边贸易协定,RCEP 最终将取消区域内约 90% 的关税,与中国的"双循环"战略高度契合。中国的"双循环"战略旨在促进自给自足,同时以多元化的方式融入全球市场。

在"国际循环"——外贸和投资——方面,RCEP 的原产地规则将使跨境

[①] 原载于《南华早报》,2020 年 11 月 24 日,2023 年 11 月修订。

贸易更简便、成本更低廉，从而使中国企业能够在国内市场和其他地区之间优化资源配置。由于内地生产成本上升，以及希望供应链免受贸易摩擦的影响，跨国公司将部分生产流程转移到亚洲其他地区，而签署RCEP将为中国带来更高附加值的增长点。

在电子制造等领域，中国与RCEP供应链伙伴（如越南和马来西亚）之间的联系已不断加深。2020年上半年，中国从东盟进口的集成电路增长了23.8%，而中国向东盟出口的集成电路增长了29.1%。2020年，东盟首次超过欧盟成为中国最大的贸易伙伴。

RCEP还有助于中国推动人民币国际化和将海南建设成世界最大自由贸易港。同样重要的是，RCEP契合中国"双循环"战略的另一个核心目标：促进国内消费。

中国的消费增长已经成为后疫情时代最有前景的增长之一。根据中国的"十四五"规划，中国政府将通过提高生产率和工资水平、加强社会安全保障以及扩大小城镇和农村地区的经济机会，进一步增加消费支出。

2020年11月，习近平主席在第三届中国国际进口博览会开幕式上的主旨演讲中提到，预计未来10年中国累计商品进口额有望超过22万亿美元。RCEP经济体中的企业、工人和农民完全可以利用这一机遇。

中国作为RCEP的主要进口市场，将弱化其作为出口强国的地位，有助于平衡协定区域内的贸易动态。这一点非常重要，因为如果RCEP严重加剧了成员国的贸易赤字，就可能出现紧张局势——印度在2019年退出了该协定。

随着时间的推移，跨境贸易和投资将扩大中国"双循环"战略与RCEP之间的协同作用，增强该协定的凝聚力和其作为深化区域一体化工具的可行性。就像美酒一样，东盟协定往往会随着时间的推移而不断完善。

对中国来说，随着亚太地区成为像欧洲或北美一样的统一贸易区——只不过规模更大，RCEP可能成为达成更多贸易协定的铺路石。

例如，中日韩自由贸易协定因日韩两国的争执而陷入僵局，而RCEP提升了达成三边自由贸易协定的可能性。RCEP还削弱了中国加入CPTPP的障碍。

CPTPP被视为更高标准贸易协定的先驱。RCEP的成功将有助于平息国内的反对声音，同时改革也将使中国在知识产权、市场准入和外商投资等议题上更接近CPTPP的规则。

这两个区域协定绝不是相互排斥的——有七个国家同时加入了这两个协定。事实上，这两个协定在推进区域一体化上可以发挥互补作用：标准较高的CPTPP适用于较发达的经济体，而标准不那么高的RCEP适用于亚洲发展中国家。而中国最终可以在亚太自由贸易区或其他机制下，构筑起两个协定之间的桥梁。

拜登政府发出的信号表明，现任总统愿意重新审视前任总统放弃的协定，并就贸易规则达成共识。这无疑将有助于稳定中美关系，并很有可能在世贸组织改革上形成共识。

近年来，国际贸易与合作在民粹主义、保护主义以及当前的疫情的重压下备受打击。RCEP是亚洲一体化和中国持续开放的催化剂，是另一个值得我们保持乐观的理由。

第十一章
"一带一路"倡议的发展

自2013年启动以来,"一带一路"倡议已成为许多地区促进全球化、经济增长和投资的推动力。"一带一路"项目创造了42万个就业岗位。据世界银行估计,东道国的运输时间缩短了3.2%,贸易成本降低了2.8%。此外,"一带一路"倡议还帮助建立了基础设施软件,如教育、医疗保健和其他服务。

然而,有两个因素导致后疫情时代的"一带一路"倡议面临更具挑战性的环境。首先,"一带一路"倡议的发展已超出预期,成为真正的全球性倡议,已有150多个国家签署了合作协议。随着该倡议联系起来的地域越来越多,它也需要与更复杂的利益相关者接触,这些利益相关者有自己的利益和发展计划。其次,地缘政治气候的变化给"一带一路"倡议蒙上了一层阴影。具有讽刺意味的是,需要全球视野来解决的问题——经济不确定性、保护主义和不信任——给本可以组成解决方案的倡议带来了阻力。在国际和区域层面,一些人将该倡议政治化并加以歪曲,以服务于自身利益。

鉴于这些情况,必须采取具体措施来确保"一带一路"倡议能够发挥其长期潜力,在后疫情时代为全球治理和发展做出贡献。本章是第三部分和本书的最后一章,回顾了"一带一路"倡议的发展历程,并就提升该倡议的包容性和可持续性提出了建议。

"一带一路"倡议多边化

本章第一篇文章《以"一带一路"带动全球合作与发展》，探讨了"一带一路"倡议在满足第四次工业革命时代基础设施需求方面的贡献，并简要提出了使该倡议"多边化"的方法。例如，文章建议成立一个国际合作委员会，帮助"一带一路"倡议从双边方式向更加多边的方式转型。该委员会可从主要国际组织中挑选代表组成。在"一带一路"倡议咨询机构中纳入广泛的经验和观点将增强其多边能力，并有助于消解其他各方对该倡议以中国为中心的担忧。

与多边合作的主题相呼应，《亚投行可成为"一带一路"的关键基准》一文强调了亚投行的成功模式可作为"一带一路"倡议未来发展的参考。如今，亚投行已成为一个高效的多边开发银行。它吸引了多个发达经济体成员，并采用了其他多边开发银行的高标准，获得了联合国等组织的认可和评级机构的 AAA 评级。亚投行为"一带一路"倡议如何采用更加多边化的框架、扩大参与规模和成为真正的全球性发展项目提供了宝贵的参考模式。

本章第三篇文章《"一带一路"倡议可成为促进全球增长的方案》写于第二届"一带一路"国际合作高峰论坛之后，该文认为需要强调"一带一路"倡议作为多边发展项目的作用，以消除误解，促进国际社会对"一带一路"倡议项目提供更多支持。

对新的全球基础设施银行和更广泛的全球基础设施合作的设想

本章关于"一带一路"倡议的倒数第二篇文章是《以中国为首的亚投行如何扩大职权范围以推动建立一个更加绿色、包容的后疫情世界》。2021 年，随着世界走出疫情阴影，许多发达国家的政府启动了雄心勃勃的基础设施投资计划，利用低利率借贷，为刺激短期复苏和长期经济转型的项目提供低成本资金。

遗憾的是，这条路对大多数收入较低的国家来说是走不通的，因为它们缺乏进行此类投资的财政支持，而疫情更加恶化了这种情况。本文认为，现在是时候考虑建立一个专门的全球基础设施银行了，该银行可以调动资金来刺激复苏，并建设应对气候变化、抗灾和提升包容性等长期目标的项目。这样一家银行从零开始，需要多年时间才能全面运作。然而，亚投行完全有能力承担这一使命。正如文章所述，通过注入新的资本和扩大成员，该银行可以扩大其职权范围，成为全球基础设施投资银行。

在写作本文集的最后一篇文章《重建更好未来 VS 一带一路：要改善基础设施，竞争必须让位于合作》时，各国宣布了一系列新的全球基础设施倡议。本文认为，基础设施领域将受益于更多合作，而不是成为另一个战略竞争领域。

以"一带一路"带动全球合作与发展[①]

"一带一路"倡议应采取更加多边化的方式来落实，以发挥其推动增长的潜力和弥补当前全球治理中的差距。本文就如何实现这一目标简单提出了五点建议。

自"二战"以来，联合国等全球性机构以及世界银行、国际货币基金组织和世贸组织等多边贸易和金融机构在缓和冲突、促进和平与发展方面做了大量工作。

然而，在工业 4.0 时代，全球化进入了一个新时期。当今世界面临着无

---

① 原载于《中国日报》，2019 年 7 月 1 日，2023 年 11 月修订。

数挑战：各国正努力从疫情中恢复，全球治理亟待改革，单边主义抬头。

在这种情况下，"一带一路"倡议作为全球治理和合作共赢的新方案，已经成为一个重要平台，为全球基础设施建设和投资做出了重大贡献。

根据世界银行2018年的一份报告，"一带一路"框架下已完成和规划中的交通项目预计可将货物过境时间缩短1.7%~3.2%，将全球航运时间缩短1.2%~2.5%。世界银行还预计，"一带一路"基础设施项目将使成员国和沿线地区的收入水平提高1.2%~3.4%，使全球收入水平提高0.7%~2.9%。

通过补充和加强现有的全球治理机制，"一带一路"倡议已成为跨境合作的催化剂。通过基础设施建设这一新的增长引擎，"一带一路"倡议有望为全球多边合作和世界经济发展带来更多机遇。

参与"一带一路"倡议的国家处于不同的发展阶段。许多国家在基础设施、资源开发能力、治理和熟练劳动力供给方面面临挑战、存在差距。

二十国集团旗下的全球基础设施中心估计，到2040年，全球基础设施投资需求将达到近94万亿美元。然而，该中心预测，届时要获得五分之一的融资也将面临极大困难，甚至可能无法实现。

这一基础设施投资缺口为"一带一路"倡议带来了巨大机遇。该倡议还可以支持企业发展，帮助新兴经济体实现产业升级和专业化，同时促进创新和区域一体化。

要实现这一前景，中国必须认识到"一带一路"倡议面临的真正挑战，并更好地宣传其目标和益处，以消除一些西方国家顽固的误解。这就要求"一带一路"倡议采取更加多边化的方式来吸引更多国家加入。这一转变符合"一带一路"倡议秉持的多边主义、透明和开放的核心理念。

为充分实现"一带一路"倡议的多边性，我们提出以下五条建议。

第一，可成立"一带一路"倡议国际合作委员会，以促进"一带一路"倡议从双边实施方式转向多边实施方式。该委员会将由来自主要国际组织的代表组成。将广泛的经验和观点纳入"一带一路"倡议咨询机构，将增强其多边性，并有助于消除人们对其过于以中国为中心的担忧。

第二，"一带一路"倡议可以深化与国际组织的接触。目前已有30多个国际组织签署了"一带一路"倡议谅解备忘录。特别是亚投行已取得长足发展，可作为"一带一路"倡议进一步多边化的模板。

"一带一路"倡议还可通过与世界银行、国际货币基金组织、美洲开发银行、非洲开发银行、欧洲复兴开发银行等既有机构密切合作，充分利用专业知识和资源。与联合国开展更紧密的合作也能促进"一带一路"倡议在全球治理中发挥作用。

此外，"一带一路"倡议可以加入巴黎俱乐部——一个由国家和机构组成的非正式集团，致力于为遇到支付困难的债务国找到协调方案和可持续的解决方案。这将有助于避免对参与国的公共财政造成不必要的压力，并打破"一带一路"倡议正在为发展中国家制造"债务陷阱"的不实说法。

第三，应明确并着重强调"一带一路"倡议作为全球经济振兴方案的作用。这将有助于强调"一带一路"倡议的发展导向性质，消除地缘政治误解。作为一个全球发展方案，"一带一路"倡议应鼓励美国、欧盟、日本和韩国参与，因为发达国家的基础设施投资存在巨大的合作空间。例如，美国的基础设施投资缺口约为3.8万亿美元。

第四，通过"一带一路"倡议，中国可以在多个方面做出贡献，如帮助发展全球治理，在融资、基础设施、产能、人才和移民合作的基础上建立新的区域治理模式。

第五，智库等社会行为者可以在人文互动、缩小国家之间的差距方面发挥重要作用，同时也可助力制定"一带一路"倡议的标准，维护对环境和劳工权利的保护。

通过遵循上述建议——多边主义、与国际组织合作、强调"一带一路"

倡议作为发展方案的作用、构建新的全球治理模式，"一带一路"倡议可以实现其作为全球基础设施改革引擎的承诺。"一带一路"倡议将秉承"广泛磋商、共同贡献、利益共享"的黄金原则，促进贸易、金融、科技和人文领域的全球治理发展。

亚投行可成为"一带一路"的关键基准[①]

该银行的成功为如何提高"一带一路"倡议的多边化提供了一个模板。

当全球合作受到民粹主义和单边主义浪潮的冲击时，亚投行已成为多边主义的灯塔。展望未来，亚投行的成功模式可以为中国提出的"一带一路"倡议提供有益的借鉴。

自2015年成立以来，亚投行已超越预期，成为一个切实有效的多边开发银行，获得了国际金融界的认可。成员数量从最初的57个增加到100多个。由于该银行在投资和运营方面坚持高标准，它获得了三大最权威信用评级机构的AAA评级。

截至2021年，亚投行已批准了29个成员市场的150个项目，批准融资额超过250亿美元。迄今为止，印度是最大的受益国。这些投资为亚洲的互联互通和发展做出了重大贡献。

亚投行成功的原因是什么，它又提供了哪些"一带一路"倡议可资借鉴的经验教训？亚投行自成立以来，就将多边主义融入其领导层和组织结构。

---

① 原载于《环球时报》(英文版)，2019年7月7日，2023年11月修订。

该银行的230名全职员工来自44个国家和地区，执行董事会的12名成员代表不同的国家。行长是中国人，五位副行长均来自不同国家。这种广泛的国际代表性，以及由共识驱动的战略和政策制定过程，意味着亚投行能够保持最严格的决策标准和公平、平衡的决策。

在业务层面，亚投行在融资和投资以及与其他多边机构合作方面进行了创新。亚投行成立后不久，就开始与世界银行、亚洲开发银行和其他机构合作，同时还吸引私人资本，通过发行证券解决资金短缺问题。

通过在其组织基因中注入多边主义，并采用创新、合作的方式来解决融资问题，亚投行帮助支持了亚洲的区域一体化，并改善了全球治理。

在一个多极世界中，我们面临的许多挑战都是复杂的和跨国性的，有效的全球治理必须建立在多边主义的基础上。在这方面，亚投行提供了一个可以复制并适用于各种情况的宝贵模式。

虽然"一带一路"倡议已经取得了长足的进步，但该倡议仍有进一步提升的空间，通过采用亚投行那样的多边机制，来实现包容性参与并消除误解。

在建立国际指导机构方面，"一带一路"倡议可借鉴亚投行的组织架构和决策程序。例如，可以建立一个"一带一路"倡议国际合作委员会和秘书处，其中包括来自不同国家和国际组织的代表。可以在各个层级招聘更多的国际人才。这将使"一带一路"倡议适应不同的地域，同时突出其包容性。

此外，"一带一路"倡议可以效仿亚投行的模式，与更多国际组织合作并向其学习。在融资渠道方面，"一带一路"倡议也可以灵活开放，包括吸引私人资本。

亚投行的成功表明，中国有能力参与全球治理并为之提供创新。展望未来，亚投行可以为"一带一路"倡议的"多边化"提供有益借鉴，使该倡议能够实现为整个亚洲乃至世界的全面发展做出贡献的初衷。

"一带一路"倡议可成为促进全球增长的方案[①]

将该倡议作为一个多边发展方案，提出一个更加具体的愿景，将有助于消除外界对其目标和影响的误解。

"一带一路"倡议由习近平主席于2013年首次提出，现已成为世界许多地区经济增长和互联互通的强大动力。在发展过程中，该倡议不断调整以适应新的需求。于2021年6月举行的"一带一路"虚拟会议（正式名称为"一带一路"亚太区域国际合作高级别会议）就证明了这一点，会上发布了关于疫苗合作和绿色发展的"一带一路"新倡议。

鉴于地缘政治环境变化，必须采取具体措施来确保"一带一路"方案的长期成功和可持续性。这包括使倡议多边化和更明确地界定其落实范围。

第一，可以成立一个国际合作委员会，帮助"一带一路"倡议从双边方式向更加多边的方式转型。该委员会可从主要国际组织中挑选代表组成。在"一带一路"倡议咨询机构中纳入广泛的经验和观点将增强其多边性质，并有助于解决其他各方对该倡议以中国为中心的担忧。

第二，该倡议需要与其他国际组织更深入的接触，目前已有数十家国际组织加入。与世界银行等老牌机构密切合作，可以带来更多的专业知识和资源，有助于确保"一带一路"倡议项目符合最高国际标准。

"一带一路"倡议还可以加入巴黎俱乐部——一个由债权国组成的非正式集团，定期举行会议，为债务国遇到的问题寻求解决方案。这将有助于打破中国给"一带一路"国家制造"债务陷阱"、加重负担的看法。

第三，"一带一路"论坛此前已在北京成功举办，在此基础上，该论坛可

[①] 原载于《南华早报》，2019年5月3日，2023年11月修订。

以轮流在日内瓦、巴黎、新加坡等全球城市举办。这将鼓励世界各地的利益相关方提出不同意见,并发出一个强烈的信息,即"一带一路"方案是一个造福所有人的开放倡议。

我们还可以扩展其他多边化机制。例如,可以仿照深圳和西安的"一带一路"法院,在海外设立"一带一路"仲裁中心,甚至可以在日内瓦设立一个仲裁机构。这将提高"一带一路"方案制度框架的透明度和可信度。

自提出以来,"一带一路"倡议一直是一种经济合作愿景。与一些观察家的说法相反,"一带一路"倡议从来不是一个自上而下的总体规划。相反,将愿景转化为可行的、有价值的项目的任务往往是下放给中国和东道国的专家、决策者和企业的。

事实上,在"一带一路"倡议提出的最初几年,这种灵活的方式非常适合调动大量资源,在更多国家表示有兴趣加入时为该方案提供发展空间。然而,随着这一贸易战略日渐成熟,缺乏明确界定的方案容易受到误解。从根本上说,如果"一带一路"倡议不能更好地定义自己,就有可能被他人定义(而且往往是误解)。

尽管该倡议是由中国发起的,但许多国家的自愿参与已使其成为一个全球性项目。实际上,它已成为一项全球发展方案——自2008年金融危机以来,世界一直非常缺乏这种方案。

为了体现这种包容性,该倡议可以更恰当地重新定名为"一带一路国际发展方案"。该方案下的基础设施建设和贸易发展计划应该有更清晰的阐释,包括哪些国家签署了该方案,哪些国家位于贸易路线沿线。对该方案的重新定义应强调其发展导向性质,以消除地缘政治误解。

为了提高透明度,"一带一路"倡议可以建立更多的平台。例如,可以在全球范围内建立一个公开的在线项目招标系统。此外,还应进一步明确"一带一路"项目的定义。

"一带一路"倡议已展现出为世界各国和地区打造更美好未来的巨大潜力。我们必须更好地定义其作为全球发展项目和多边努力的作用，从而实现其造福人类的承诺。

以中国为首的亚投行如何扩大职权范围以推动建立一个更加绿色、包容的后疫情世界[①]

发达国家热衷于通过投资支持基础设施建设来促进经济复苏，对于最需要基础设施的贫困国家来说，这种方案是行不通的。亚投行的规模和业绩显示，该机构足以扩展到全球层面，帮助那些落在后面的国家。

疫后基础设施支出的理由很充分。低利率意味着各国可以以低廉的成本借贷，为刺激短期复苏和长期经济转型的项目提供资金。难怪一些发达经济体推出了大规模的基础设施计划，以振兴经济，"重建更好未来"。

遗憾的是，这条路对大多数较为贫穷的国家来说是走不通的，因为它们现在缺乏财政支持来建设任何东西。联合国警告，发展中国家的债务危机迫在眉睫。自新冠疫情暴发以来，许多国家借贷已达限额，36个国家的主权评级被下调。

基础设施投资不足的问题在疫情之前就长期存在。据二十国集团旗下全球基础设施中心估算，到2040年，全球基础设施资金缺口将达到15万亿美元。

全球经济复苏艰难，现在是时候考虑成立一个新机构来解决这一缺口

[①] 原载于《南华早报》，2021年4月17日，2023年11月修订。

了。世界需要一个专门的全球基础设施银行，来调动资本刺激复苏，建设应对气候变化、提高韧性和包容性等长期目标的项目。

从零开始建立这样一家银行，需要许多年才能全面运作。然而，有一个候选机构完全有能力扩大并承担起这一使命：亚投行。

过去几年，亚投行已成为一个高效的多边开发银行。它吸引了几个发达经济体成员，并采用了其他多边开发银行的高标准，获得了联合国等组织的认可和评级机构的 AAA 评级。

亚投行的业务范围已远远超出亚洲。它为非洲和拉丁美洲的项目提供资金，在全球有 100 多个成员。随着新资本的注入和成员的增加，该银行可以扩大业务范围，成为全球基础设施投资银行。

这就要求取消亚洲地区持有该银行 75% 的股份和银行 75% 的投资需投向亚洲这一条款，并邀请新成员——特别是美国和日本，以及其他地区的更多国家加入并发挥重要作用。此外，全球基础设施投资银行还应为多边行为者（包括多边开发银行和区域组织）设立一个特别机构，以加强现有基础设施倡议之间的全球协调。

要取得成功，全球基础设施投资银行需要明确界定其使命，而做好三个领域的工作尤为重要。

第一是可持续基础设施。在疫后复苏过程中，投资错误可能会使各国陷入碳密集型发展道路。符合气候目标的投资将是新银行的核心工作。

第二是包容性的互联互通，特别是缩小数字鸿沟。疫情推动了工作、学习和商务转向线上模式。然而，全球仍有 37 亿人无法上网。新的银行可以在数字基础设施融资方面发挥带头作用。

第三个优先事项是调动私人资本。由于疫情期间公共财政有限，我们需要创新融资模式来鼓励私营部门的参与。亚投行已经开始关注这一问题，目标是到 2030 年将私人融资比例提高到 50%。

有些人可能会质疑，既然已经有了其他多边开发银行，是否还需要一个新的多边开发银行。对于这一点，全球基础设施投资银行可在与其他机构形成互补的同时，增加独特的价值。

世界银行和其他多边开发银行也为基础设施建设提供资金，但它们的资产已经捉襟见肘，并已将重点转向其他领域。相比之下，全球基础设施投资银行可以只专注于基础设施领域。

有一点业务重叠并不是坏事。亚投行自成立以来为发展融资带来了新动力，它的创新给其他银行带来了压力，迫使它们提高水平。比如：亚洲开发银行缩短了审批周期；世界银行和亚洲开发银行增加了资本来源，并调整了贷款做法，以保持其重要性。

新银行旨在与现有多边开发银行形成互补，而不是与其竞争。亚投行奉行合作模式，其大多数项目都是与其他多边开发银行共同融资的。它可以进一步发展这种模式，找到新方法来共同融资、分享专业知识以及与其他组织合作。

国家层面和区域层面的一体化措施越来越多，但却并不总是能很好地相互配合，因此协调合作就变得更加重要。全球基础设施投资银行可以成为一个多边平台，实现长期规划和协调，以具有成本效益的方式促进区域内和区域间的互联互通。

尽管建立全球基础设施银行的理由很充分，但一些西方国家可能会反对任何受到中国支持的此类倡议。亚投行成立时，华盛顿就是这么做的。

那些担心新银行会被用于地缘政治目的的人应该审视一下亚投行的多边架构和业务记录。从亚投行获得最多贷款的是印度，印度可以说是中国最主要的地区竞争对手，也没有加入"一带一路"倡议。

中国拥有丰富的经验和资源，可以为全球基础设施领域的公共产品做出宝贵贡献。亚投行可以创建有效的多边机构，为新的全球基础设施银行提供现成的框架，但美国的参与对充分发挥其潜力至关重要。

让西方国家与中国合作开展这样一项事业似乎是一项艰巨的任务，但确保绿色、包容的疫后复苏事关重大，需要我们采取大胆的行动。富裕国家在为国内基础设施建设投入数万亿美元的同时，也应该对帮助较不富裕的国家"重建更好未来"持开放态度。

重建更好未来 VS 一带一路：要改善基础设施，竞争必须让位于合作[①]

现在，美国和欧洲正试图在资助发展中国家的基础设施项目方面超越中国，但不协调的发展只会损害这种善意。

2021年11月25日，英国外交大臣利兹·特拉斯（Liz Truss）组建了英国国际投资公司（British International Investment，BII），该机构前身是一个发展融资机构，新机构将为亚洲、非洲和加勒比地区的基础设施投资提供资金。

在战略机动和竞争日益激烈、新倡议层出不穷的情况下，组建英国国际投资公司不过是该领域出现的最新举措。2021年6月，美国总统拜登提出的"重建美好世界"倡议受到七国集团领导人支持，该倡议旨在满足中低收入国家的基础设施需求。2021年9月，欧盟委员会主席乌尔苏拉·冯德莱恩（Ursula von der Leyen）宣布了欧盟新的互联互通战略——"全球门户"计划。

从这些声明的措辞来看，这些举措显然是受到了中国崛起的刺激，并希望为"一带一路"倡议提供"替代方案"。

无论动机如何，全球基础设施早该受到更多关注。几十年来，全球基础

[①] 原载于《南华早报》，2021年12月2日，2023年11月修订。

设施投资不足，据二十国集团旗下全球基础设施中心估算，到 2040 年，将面临 15 万亿美元的资金缺口。

频繁发生的气候灾害、疫情暴露出的全球公共卫生基础设施不足，以及当前全球供应链面临的挑战，这些近来的形势发展明确显示，弥合这一融资缺口十分有必要。

我们需要采取迅速果断的行动，来调动资本刺激全球复苏，建设应对气候变化、提高韧性和包容性等长期目标的项目。遗憾的是，在美国等富裕国家推出万亿美元基础设施计划的同时，很少有发展中国家在财政上有喘息的空间来建设"高大上"的基础设施，尤其是在新冠疫情对经济形成巨大冲击之后。

如果基础设施领域的竞争加剧能为发展中国家带来更多资金，那只会是一件好事。但是，如果没有恰当的协调，这些不同的计划可能无法很好地衔接。要想高效地改善全球互联互通，不同的参与者必须共同努力，全面应对这一挑战。

冯德莱恩在介绍欧盟的"全球门户"倡议时，将其描述为旨在适应"超级竞争的新时代"的倡议。这种说法的问题在于，与更具协作性的方式相比，通过竞争和不协调的倡议来引导投资将导致恶劣后果，尤其是对接受投资的地区而言。

如果没有适当地将周边地区连接起来，一座新桥或者新电站的效益就会大打折扣。相反，如果在更广泛的地理区域内协调投资，基础设施的积极效应就会成倍放大。我们必须扪心自问，全球基础设施投资是应该以地缘政治为导向，还是应该以全球公益为导向——因为这些导向并不总是一致的。

那么，该怎么做呢？首先，我们必须建立促进这一领域合作的机制，防止基础设施投资单纯变成地缘政治竞争的另一个舞台。

例如，建立中国、欧盟和美国之间的三边基础设施对话机制，以更好地协调投资，发挥"一带一路"倡议、"重建更好未来"计划和"全球门户"倡议之间的协同作用，避免内容重叠。

政策制定者还可以考虑建立一个新的多边平台，以便在多边开发银行与私营部门和非政府部门之间进行长期规划和协调。

如果大国愿意参与彼此的倡议，哪怕是以有限的方式，那也将是积极的一步。值得注意的是，习近平主席在2021年11月16日与拜登的视频会面中重申，中国提出的所有全球倡议，包括"一带一路"，都对美国开放。同样，如果中国愿意并能够参与美国、欧盟和其他各方主导的倡议，那将是一件好事。

鉴于各国在全球经济去碳化方面具有共同利益，绿色基础设施是一个特别有前景的合作领域。通过结合中国、欧盟和美国的互补优势，此类伙伴关系还能在第三方市场带来切实的回报。

例如，中国是风能和太阳能电池板等气候友好型技术的顶级制造商；而欧洲和美国公司在将这些产品集成到电网和城市系统方面居于领先地位。

数字基础设施是另一个优先合作领域，尤其是在疫情推动工作和学习转向线上之后。目前，全球仍有37亿人无法使用互联网，但数字基础设施项目仅占多边开发银行贷款总额的1%左右。

缩小数字鸿沟需要私营部门，特别是高科技企业的参与，需要新的多元化融资模式来调动公共投资和私人投资进行适当组合。在这一领域，中国、欧盟和美国在资金、技术、人才、管理经验和监管体系方面各有所长。

虽然数字基础设施已成为地缘政治竞争的新战场，但在这一领域加强合作将大有裨益。

强调全球基础设施建设存在合作空间并不是否认其具有地缘政治意义。但明确的是，互联互通不会促进零和竞争。

鉴于我们共同面临的全球性挑战，尤其是迫在眉睫的气候危机和疫情造成的经济衰退，任由基础设施建设工作沦为各种竞争倡议的混战，将导致不可承受的代价。如果我们真的想"重建更好未来"，那么找到更多"合作共建"的方法肯定会有所帮助。

致谢

本书由全球化智库出版中心（CCG Publishing Center）组织翻译，具体翻译分工工作如下：

李衍：序、引言、目录，第一章引言及第一、三、四、六、八、九篇，第二章引言，第六章，第七章，第十章第五、六、七、八、九篇，第十一章；

石林：第一章第二、五、七篇，第二章第一、二篇；

黄子燕：第三章第一篇；

秦雨晨：第三章（除第一篇），第四章，第五章，第八章，第九章，第十章引言及第一、二、三、四篇；

全书译文修订检查：李衍；

全书译文审定：任月园；

此外，鸥歌为本书翻译和文章修订提供了帮助。

我们对以上译员和同事表示诚挚的感谢。译文如有疏漏和谬误之处，欢迎读者批评指正。

苗绿

全球化智库（CCG）秘书长

2024 年 6 月